MODELOS FAMILIARES DE ALUMNOS EN PREESCOLAR

MODELOS FAMILIARES DE ALUMNOS EN PREESCOLAR

Navarro Leal Susana Isela

Castañeda Ruíz Pablo Alberto

Para realizar pedidos de este libro, contacte con:
Palibrio
1663 Liberty Drive
Suite 200
Bloomington, IN 47403
Gratis desde EE. UU. al 877.407.5847
Gratis desde México al 01.800.288.2243
Gratis desde España al 900.866.949
Desde otro país al +1.812.671.9757
Fax: 01.812.355.1576
ventas@palibrio.com
769331

ÍNDICE GENERAL

INTRODUCCIÓN

La presente investigación se realizó en el Jardín de Niños "María Lavalle Urbina", en el Norte de Tamaulipas, con un grupo muestra de 25 alumnos de cinco años de edad.

Esta investigación trata de definir a qué modelos familiares pertenecen los alumnos de preescolar, y cómo las dinámicas familiares se ven reflejadas en el desempeño escolar, el temperamento, lenguaje, conducta y complexión física. Las interrogantes en que se basa este estudio son las siguientes:

- ¿Qué modelos de familia tienen los alumnos del grupo de 2° C del Jardín de Niños "María Lavalle Urbina"?
- ¿Existe alguna relación entre el modelo familiar y el desempeño escolar, temperamento, lenguaje, conducta y complexión física de cada alumno?

Se aplicaron técnicas cualitativas para la comprobación de las respuestas de investigación porque el objetivo es identificar las características personales de cada sujeto y sus familias. Se utilizó la encuesta, la observación, la conversación, prueba de aprovechamiento y se midió y pesó a cada sujeto.

Los resultados muestran que el modelo de familia que predomina es el intermitente o patógeno. Un mejor desempeño académico se presenta en los niños de familias con modelo intermitente-autoritario, mientras que un deficiente desempeño se presenta en los niños de familias con los modelos intermitentes permisivos, hiperprotectores.

CAPÍTULO I

PLANTEAMIENTO DEL PROBLEMA

En este capítulo se precisan los objetivos generales de la investigación; particularmente, en el inciso 1.1 se presenta una reseña del contexto escolar; después, se ubica el planteamiento del problema en donde se delimita el estudio; en el punto 1.3 se explican las hipótesis de acuerdo al planteamiento del problema; a continuación, en el apartado 1.4 se detallan los objetivos; y en el último punto se justifica la investigación.

1.1 CONTEXTO.

La investigación se enfoca al estudio de la influencia de las dinámicas familiares en el proceso escolar del Jardín de niños, que se refleja en la conducta, aprovechamiento escolar, lenguaje, personalidad y complexión física de los educandos.

El estudio se llevó a cabo en una institución de nivel preescolar ubicada en la frontera de Tamaulipas, específicamente en la Colonia "Lomas del Real de Jarachina Sur". La colonia es una de las más grandes y conocidas en el municipio porque se encuentra contigua a una zona industrial que proporciona empleo a una considerable parte de la población, y porque es una de las colonias con mayor población y en los momentos electorales, puede decidir el resultado de la votación. La colonia cuenta con instituciones importantes como el Instituto Tecnológico de Reynosa, un centro médico del IMSS, una delegación de tránsito, dos escuelas primarias, cuatro jardines de niños, una iglesia, dos parques deportivos, dos gasolineras y numerosos comercios de diverso giro económico. (1)

La institución donde se realizó esta investigación fue en el Jardín de Niños "María Lavalle Urbina", fue fundado en el año 2001, sus puertas fueron abiertas contando con sólo una maestra que atendía a 100 alumnos, por lo que, los lunes, miércoles y viernes atendía a los niños de tercer grado y los martes y jueves a los alumnos de segundo. (2)

1

En ese año, sólo se contaba con una pequeña aula de madera que al año siguiente, se le adjuntó otra, al llegar una nueva maestra. Actualmente, cuenta con cinco aulas de concreto equipadas con aire acondicionado y uno de esos salones tiene preparación para ser aula de informática; además, cuenta con áreas para la dirección Escolar, la biblioteca, la bodega y otra área para los sanitarios, dividida en baños para niñas y baños para niños; toda la explanada está techada y el piso del edificio está revestido con vitropiso y en las áreas externas al área académica; la escuela tiene dos techumbres grandes de lámina, un parasol en el pórtico de entrada, juegos de estructura metálica, un foro al aire libre.

La institución se ha construido con rampas para atender a niños con capacidades diferentes y por el momento se está trabajando en un proyecto modernizador para equipar a la institución con un comedor.

El jardín de niños cuenta con personal administrativo, docente y de apoyo, así como con una población estudiantil de 216 alumnos en total. La escuela atiende durante el turno matutino a 154 niños y en el turno vespertino a 62 alumnos, de los cuales el 52% son niños y el 48 % son niñas. (3)

El jardín de niños tiene una directora para ambos turnos, cinco maestras frente a grupo, una maestra encargada de la biblioteca, un profesor de Educación Física y un intendente, siendo éstos dos últimos pagados por los padres de familia. La directora cuenta con 17 años de ser profesora de preescolar, le sigue la maestra del 3° "A" con 14 años siendo licenciada en educación preescolar, después la maestra del 3° "B" con 13 años de servicio siendo licenciada en educación preescolar, la maestra de 2° "A" con 5 años de servicio siendo profesora de preescolar, le sigue la maestra de 2° "B", igualmente con 5 años de antigüedad con Licenciatura en Educación Preescolar y con pasantía en Maestría en Desarrollo Humano, y por último la maestra de 2° "C" con dos años de servicio siendo Licenciada en Educación Preescolar y estudios de Maestría.

El nivel socioeconómico de las familias cuyos niños asisten al jardín es medio bajo, pues el promedio de ingresos de un operador de producción en una maquiladora es de 505.70 pesos y con bonos el promedio asciende a 598.91 pesos semanales; el 47.9% labora en empresas privadas como operadores de producción o supervisores de línea; el 29.9% de las madres de familia son amas de casa; el 16.73 % son servidores públicos; y el 5.47%

cuenta con negocio propio. Todos los padres ó madres de familia que laboran durante la noche, duermen en las horas que sus niños asisten a la escuela, en ocasiones se quedan dormidos y dejen de ir a recoger a sus hijos, a la hora de salida. El 65 % son familias que cambiaron su residencia del Estado de Veracruz a Reynosa, Tamaulipas. Del resto, el 15% son familias con uno ó los dos padres de origen foráneo. Sus hijos, los alumnos que asisten al jardín de niños, se encuentran en edades que oscilan entre 4 a 6 años.

El grupo-muestra para la investigación, es el segundo grado, grupo "C", cuyos niños cuentan, en promedio, con cinco años de edad. Al inicio del ciclo escolar se componía de 30 alumnos. En el mes de noviembre 2008 se abrió un grupo en el turno vespertino que atiende la directora, por lo que un alumno del grupo se cambió para ese turno de la tarde por conveniencia propia del niño; en enero del 2008, la familia de una niña cambió de residencia a Ciudad Madero, Tamaulipas por razones de trabajo del padre, por lo que a ella se le dió de baja. El grupo actualmente cuenta con 25 alumnos, 9 son niñas (32,14%) y 16 son niños (67.86%).

El 78.57% de los padres del grupo de 2° "C" laboran en empresas privadas; el 14.28% son servidores públicos y el 8.14% trabajan en negocio propio. El 75% de las madres del grupo son amas de casa; el 14.28% laboran en empresas privadas; el 8.14% son servidores públicos y el 3.57% trabajan en negocio propio. (4)

El 25% de las familias tienen un hijo; el 46.42% tienen dos; el 21.42% tienen tres hijos y el 7.14% tienen cuatro hijos.

Los alumnos inician la jornada escolar a partir de las 9:00 horas y la terminan a las 12:00 hrs. Reciben clases de Educación Física los martes y jueves durante 20 minutos. Se dispone de 10 minutos en lo que se ha denominado "La Hora del Jugo", en donde ingieren alguna bebida, que se da a las 10:20 horas; y el recreo empieza a las 10:30 terminando a las 11:00 horas.

El jardín de niños es el primer escalón de la vida escolar de los infantes, es en preescolar donde los niños tienen sus primeras experiencias de aprendizaje formal, y en donde, por primera vez, los alumnos se enfrentan por si mismos al mundo real fuera del núcleo familiar. Al ser la familia, la única institución a la que pertenecían, su interacción, dinámica, comportamiento y comunicación se ven reflejadas enteramente en su actuar durante la jornada escolar.

De esta manera, las educadoras se encuentran frente a niños con conductas, personalidades, comunicación y maduración muy variadas, que provienen de familias con modelos de interacción distintos.

Y si a esta situación se le añade que las familias, como los porcentajes señalan, son en su mayoría de origen foráneo, el aula se convierte en un recinto de enfrentamiento e intercambio de culturas.

1.2 ANTECEDENTES METODOLÓGICOS

Se han llevado a cabo distintos estudios científicos acerca de la influencia de los modelos familiares en la escuela. Un antecedente al presente estudio es el realizado por la Dra. Norma Palencia Rodríguez, de la Universidad Pedagógica Nacional, llevada a cabo en el año 2002. (5)

Esta investigación, trata de dar a conocer los distintos factores que originan los problemas de aprendizaje en los niños, haciendo énfasis en la familia. Y tiene como propósito "proporcionar datos que den cuenta de la relación que existe, entre los problemas de aprendizaje y la violencia intrafamiliar, para ello, se dan a conocer las diferentes concepciones de lo que se entiende por violencia, posteriormente". (Palencia, 2002:2)

En la investigación de Palencia, se analiza el papel que desempeña la familia en el logro escolar del los niños, así como también, se revisan investigaciones que han relacionado al desempeño escolar con el ambiente familiar.

La Dra. Bautista Lozada realizó un estudio llamado "El Bajo Aprovechamiento Escolar y la Dinámica Familiar Disfuncional". Tiene como objetivo determinar si existe relación entre el bajo aprovechamiento escolar y la dinámica familiar disfuncional. Se estudiaron 12 alumnos de 2º semestre de Nivel Educativo Medio Superior entre 15 y 17 años de edad. Se concluye que una dinámica familiar funcional mejora el aprovechamiento escolar, entendiéndose como familia funcional aquella en la que los padres marcan límites flexibles y claros para controlar la conducta de sus hijos en forma consistente. (6)

Otro estudio, llamado "Análisis Sistémico de las Familias con un Hijo Adolescente Drogadicto", realizado por Rocío Soria Trujano, Jaime

Montalvo Reyna y Maricela González Tolentino en el año 2004 en la Universidad Autónoma de México, se basó en el Modelo Estructural Sistémico. Se entrevistó a 45 familias de clase media con un hijo adolescente drogadicto, utilizando una Guía de Entrevista diseñada para identificar la estructura familiar y tratar de encontrar similitudes en las familias con hijos adolescentes drogadictos, en cuanto a límites, jerarquía, centralidad, periferia, hijos parentales, alianzas y coaliciones.

De estas familias, 24 se identificaron como nucleares, 11 monoparentales y 10 reconstituidas. Los datos indicaron que los patrones de interacción identificados en los 3 tipos familias fueron similares: límites difusos al interior y al exterior del sistema, el mayor poder lo ostenta la madre, mientras que son notorias la ausencia y no involucramiento del padre en la educación de los hijos. Hay hijos parentales y el adolescente drogadicto es rechazado por toda la familia sin que se le reconozca cualidad alguna. (7)

De acuerdo a los resultados de estas dos investigaciones, mientras que una de las características similares en las familias con hijos drogadictos, es que tienen "límites difusos al interior y al exterior del sistema" generando un hijo drogadicto, en la investigación relativa a la relación entre familia y aprovechamiento escolar, la familia que genera un mejor aprovechamiento es "aquella en la que los padres marcan límites flexibles y claros" para controlar la conducta de sus hijos en forma consistente, podemos deducir que en el desarrollo de los hijos, la familia desempeña un papel central, evidenciándose, de acuerdo a los datos expuestos en estos dos estudios, la importancia favorable que representan las medidas y reglas que ambos padres ejercen en la conducta de los hijos.

1.3 PREGUNTAS DE INVESTIGACIÓN

En virtud de la situación expuesta, y debido a la diversidad de modelos familiares que existen, surgió la incógnita acerca de los modelos de familias en que viven los niños del jardín de niños y de cómo influyen esos modelos familiares en la actuación de los educandos en la escuela. Las interrogantes en que se basa este estudio son las siguientes:

1.3.1 ¿Qué modelos de familia predominan en los alumnos de educación preescolar?

1.3.2 ¿Existe alguna relación entre el modelo familiar y el desempeño escolar, temperamento, lenguaje, conducta y complexión física de cada alumno?

1.4 HIPÓTESIS.

Las hipótesis que se plantean, ante la necesidad de responder mediante un estudio científico a dichas cuestiones, son las siguientes:

H1. Se estima que los modelos de familias, según Nardone (2003:53) (8), que se encuentran en el grupo son los siguientes, y al final del estudio se puntualizará cuales predominan:

- Hiperprotector
- Democrático-permisivo
- Sacrificante
- Intermitente
- Delegante
- Autoritario

H2. Se estima que sí existe una fuerte relación entre los tipos de familia y el desempeño escolar, temperamento, conducta, lenguaje y complexión física de los niños preescolares. Relación que se detallará al final de la investigación.

1.5 VARIABLES.

De acuerdo a Hernández Sampieri (1991:77) (9), "una variable es una propiedad que puede variar (adquirir diversos valores) y cuya variación es susceptible de medirse". Por lo tanto, las variables de este estudio son: el modelo familiar, desempeño académico, lenguaje, personalidad, conducta y complexión física.

- Variable independiente: Modelo familiar

- Variables dependientes: Desempeño académico, temperamento, lenguaje, conducta y complexión física.

1.6 OBJETIVOS CENTRALES

Esta investigación tiene dos objetivos principales, desde los objetivos metodológicos de la investigación:

- Analizar los modelos familiares de los niños que asisten a la institución escolar en gestión para conocer cuales predominan y analizar su positividad o conflicto respecto a la escuela.
- Determinar si el modelo familiar al que pertenece cada alumno se relaciona con su desempeño escolar, su temperamento, sus habilidades de lenguaje, su conducta y complexión física y si en efecto es así, precisar cuál es la relación que se establece.

1.7. OBJETIVOS ADICIONALES

El estudio va dirigido a maestras de los diferentes niveles de educación, estudiantes de licenciatura con carreras profesionales afines, psicólogos y padres de familias que se preocupan por la educación de sus hijos y que estén interesados en conocer si existe alguna relación del modelo familiar con el desempeño escolar, el lenguaje, la conducta, la complexión física y la personalidad del preescolar, por lo tanto es necesario establecer los siguientes objetivos adicionales:

- Enriquecer el conocimiento de los educandos del nivel preescolar.
- Reconocer y precisar el papel de la familia en la educación.
- Establecer datos precisos sobre el fenómeno.
- Contribuir con la pertinencia de un método que guíe este tipo de indagaciones.
- Proponer y realizar los cambios necesarios para que tanto el papel de la educadora como el de la familia propicien un ambiente en el que el alumno se desarrolle en forma armoniosa.
- Reforzar la actitud de la educadora como agente de cambio social.

1.8 IMPORTANCIA DEL ESTUDIO.

En los últimos años, México ha atravesado por una movilización de masas, donde las poblaciones, por causas variadas, han decidido dejar su lugar de residencia original.

La razón principal de estas movilizaciones es la búsqueda de empleo. Tamaulipas es uno de los estados con mayor generación de empleo gracias a su ubicación geográfica, al ser frontera con Estados Unidos.

Como producto de la migración de poblaciones de distintos Estados de la República Mexicana como Veracruz, Nuevo León, Tabasco, Chiapas, y en menor medida Nuevo León, a ciudades industriales como Ciudad Reynosa, Tamaulipas, ha creado, en las escuelas, grupos de alumnos con una gran diversidad cultural. De esta manera, las maestras no sólo de nivel preescolar, sino de todos los niveles educativos, se enfrentan a un grupo multicultural, por lo que emerge la necesidad de conocer a las familias de sus alumnos, su dinámica, características y la influencia que tienen los modelos familiares en el actuar de los alumnos en la escuela.

Uno de los motivos que justifica este proyecto de investigación es la necesidad de encontrar respuestas a las preguntas relacionadas con el desempeño académico de los alumnos.

Gracias a la educación que se les brinda a los alumnos, éstos logran un desarrollo humano integral, pero las instituciones escolares no son los únicos agentes formadores, sino que antes de que los infantes estén en contacto con la educación formal, se encuentran bajo la dinámica y el cuidado de una familia, quienes son los que principalmente definen y construyen la forma de ser de los niños, por lo que, dependiendo del modelo familiar en el que se encuentren, éste puede facilitar u obstruir el aprendizaje y desempeño académico.

Se pretende que los resultados obtenidos en esta investigación, sirvan para encontrar un común denominador de los diferentes modelos familiares en los aspectos: desempeño escolar, temperamento, lenguaje, conducta y complexión física, y que, mediante los resultados obtenidos, se busque mejorar el proceso de aprendizaje de los alumnos en estudio y de las siguientes generaciones, así como también de mejorar la calidad y estilo de vida que propicien un desarrollo adecuado.

Al encontrar los diversos factores que mejoren ó entorpezcan el aprendizaje, se puede aconsejar a las familias acerca de los modelos familiares más efectivos, en donde los hijos tengan un buen aprovechamiento escolar, una personalidad sana, un lenguaje acorde a su edad, una conducta deseable y una complexión física adecuada.

Padres de familia, psicólogos, maestros, funcionarios públicos y toda la sociedad en general, deben estar enfocados a la formación de los niños, ya que de ello depende el surgimiento de mejores seres humanos con una mejor calidad de vida pronosticada.

1.9 JUSTIFICACIÓN.

Existen variados estudios científicos acerca de la influencia de las familias en el desempeño académico de los alumnos, que buscan encontrar una relación entre las dinámicas familiares y el desempeño académico ó comportamiento adictivo.

Sin embargo, estas investigaciones se realizan en sujetos de 9 años, y entre 11 y 19 años de edad, por lo que se hace necesario un estudio en el nivel preescolar, en sujetos de 5 años de edad, donde la conducta de los alumnos es el mero reflejo de la educación que su familia le proporciona.

Estos estudios solamente observan la relación entre las interacciones familiares y su relación con el desempeño académico y la conducta adictiva, dejando de lado factores en que la familia también tiene gran influencia como el desempeño académico, el lenguaje, la personalidad, la conducta y la complexión física.

1.10 LIMITACIONES DEL ESTUDIO.

Es preciso mencionar que todas las investigaciones científicas que estudian el comportamiento humano tienen limitaciones desde el momento en que los humanos son impredecibles, con características y comportamientos únicos, en donde buscar en un comportamiento con un mismo patrón de conducta entre cierto número de personas se hace una tarea ardua.

La limitación del estudio que se considera más importante, es que, las encuestas contestadas por los padres de familia son respondidas de acuerdo a la percepción que cada madre ó padre tiene de sí mismo (a), por lo que existe la posibilidad de que algunas preguntas no fueran contestadas de acuerdo a la realidad, por esta razón, también se hicieron observaciones del investigador, que permitieron detectar el modelo de algunas familias con mayor precisión.

Otra limitación importante es que se estudió a las familias en general y no a los hermanos de los alumnos, ya que los hermanos mayores pueden influir decisivamente en los avances académicos y cognitivos de los hermanos pequeños.

REFERENCIAS BIBLIOGRÁFICAS

1) Cifras del Instituto Nacional De Estadística, Geografía e Informática (INEGI).
2) Información proporcionada por la directora del plantel en una encuesta.
3) Expedientes de los alumnos del Jardín de Niños "María Lavalle Urbina".
4) Expedientes de la Profesora de 2º C del Jardín de Niños "María Lavalle Urbina".
5) http://biblioteca.ajusco.upn.mx/pdf/18886.pdf. Rodríguez Palencia N. (2002), Universidad Pedagógica Nacional. México.
6) Bautista Lozada, Yadira. (2002). Bajo Aprovechamiento y la Dinámica Familiar Disfuncional, Instituto Politécnico Nacional. México.
7) Soria Trujano, R. (2004). Análisis Sistémico de las Familias con un Hijo Adolescente Drogadicto, Universidad Autónoma de México.
8) Nardone. G. Giannotti, E. (2003). Modelos de familia. Herder. España.
9) Hernández, Sampieri, R. (1991). Metodología de la investigación. Mc Graw-Hill Interamericana. Colombia.
10) Antología UAT (2001). Normativa internacional para la realización de trabajos académicos y de investigación.

CAPÍTULO II

MARCO TEÓRICO

En este capítulo se abordarán las perspectivas teóricas de las temáticas concernientes a la presente investigación. En el marco histórico se describen primero los hechos que dieron origen a la Educación Preescolar y posteriormente los sucesos que la consolidaron; en el marco teórico se explican los contenidos teóricos que sustentan esta investigación; en el marco conceptual se exponen los conceptos clave requeridos para el abordaje de la información, y en la sección de los enfoques metodológicos se describen los estudios e investigaciones que se han realizado sobre la influencia de la familia en el actuar de los alumnos en la escuela preescolar.

2.1 MARCO HISTÓRICO.

El marco histórico de esta investigación conlleva dos grandes campos: la Educación Preescolar y la integración de la Familia. Se abordará la historia de ambos campos, primero de manera general y después específicamente en México. En el punto 2.1.1 se explica el origen universal de la Educación Preescolar; en el 2.1.2 se narra el origen de la Educación Preescolar en México; en el 2.1.3 se expone la consolidación y la obligatoriedad de la Educación Preescolar. Después de abarcar la Educación Preescolar se continúa con el otro campo, en el 2.1.4, se explica la historia de la familia.

2.1.1 El Origen de la Educación Preescolar.

En este apartado se explican brevemente las corrientes que dieron origen a la educación Preescolar.

En primer lugar, la Educación Preescolar tiene como principales precursores a Juan Jacobo Rosseau y a Federico Froebel.

Juan Jacobo Rousseau.

Nació en Ginebra el 28 de Junio de 1712. Tuvo una infancia serena, no obstante el fallecimiento de la madre. Su padre, Issac Rousseau, se encargó de su primera instrucción. Su progenitor, era de profesión relojero. (Abbagnano, et, al: 1996:387) (1)

El padre huyó de Ginebra y depositó a Juan Jacobo con unos parientes, donde hizo sus primeros estudios regulares, y cuando Juan Jacobo volvió a Ginebra entró en un taller como aprendiz de grabador. Inconforme con su vida y después de varios patrones en diversos trabajos, decidió escapar a Saboya.

Un párroco lo envió con Madame Warens, quien lo remitió a Turín y fué bautizado católico, se ganó la vida como lacayo. Volvió con Madame Warens y realizó 11 años de estudios desordenados.

En 1740, a los 28 años de edad, se dirigió a Lyon en calidad de preceptor, y luego a Paris, donde conoció a muchos enciclopedistas. Se ocupa sobre todo de la música, colabora en la enciclopedia y trabaja como secretario de familias nobles.

Tiene una relación sentimental con una joven costurera, Teresa Levasseur, con quien procrea 5 hijos y a quienes abandona en un hospicio. Ganó dos concursos de la Academia de Dijón. Regresa a Francia y corta sus relaciones con los enciclopedistas. En soledad, escribe sus obras maestras: La Nueva Eloísa, El Contrato Social y El Emilio.

El Parlamento de París condena su obra político-literaria y ordena el arresto de Rousseau. Éste escapa a Suiza y luego a Inglaterra. Se hospeda con el filósofo Hume, pero solo temporalmente porque tiene la impresión de que intriga contra él.

Vuelve a Francia y regulariza su situación con Teresa, y en París desde 1770 copia música para vivir, escribe sus obras autobiográficas y posteriormente muere el 2 de Julio de 1778 en Ermenonville.

Las ideas que Rousseau declara en sus obras repercuten en las relaciones familiares, las condiciones de vida de los niños y la forma de educarlos. Las relaciones familiares cambiaron en cuanto los padres separaron el núcleo familiar de la sociedad. Le brindaron una mayor importancia a las cuestiones educativas de sus hijos. Así también se empezó a reconocer que el niño no era un adulto ni un animal, sino simplemente un niño.

Las condiciones de vida de los niños cambiaron ya que fueron más valorados por los padres y por la sociedad. Rousseau declaraba que el niño era bueno por naturaleza, que los adultos son los que deformaban su concepción y los mal-influenciaban.

Los educadores comprendieron que el niño podía llegar al entendimiento del mundo interactuando de manera natural, siendo los educadores una guía u orientador.

Rousseau considera que el niño es bueno por naturaleza por ser de origen divino y señalaba que el deber del educador es hacer posible experiencias casi desde el momento de nacer, esas experiencias deben hacerse sólo con cosas materiales y que no deben ser solo experiencias vinculadas con las relaciones humanas

Este precursor proponía que el papel que debía cumplir la educación era ideal y esencialmente el desarrollo armónico del amor a sí mismo y el amor al prójimo; la vida en y por una libertad, iluminada con la razón, que al propio tiempo, provea al hombre de una verdadera felicidad. La educación debe evitar la artificialidad, dejando en la naturaleza el desarrollo de la educación.

Rousseau clamaba por una concepción originaria y natural de la vida, luchar contra el artificialismo. (Abbagnano, et, al. 1996:394)

Lo primero que exige esta educación es la libertad, la independencia con respecto a los demás hombres.

Otro principio es el de la actividad, el aprender por la propia experiencia, en vez de hacerlo por la enseñanza de los demás. La enseñanza religiosa no debe darse de forma confesional y debe darse en la edad de la razón, basándose en la concepción deísta. La educación debe ser gradual, integral, total y humana.

Tres son, en definitiva, los rasgos que caracterizan al hombre natural 1) amor propio (egoísmo) y amor al prójimo (altruismo); 2) razón que, sin ser omnímada, se articula a la vida del sentimiento y 3) libertad.

En el estado natural, se conserva intacta la libertad, transformándola en libertad cívica al pertenecer a una sociedad. Por lo tanto sería absurdo querer educar fuera del área natural a la sociedad.

Es en su segundo libro "El Emilio" donde contrapone la dependencia respecto de las cosas considerándola educativa, a la dependencia respecto de los hombres estimándola como des-educativa por caprichosa y desordenada, afirmando claramente que en una convivencia civil, regulada, "la voluntad general" tendría un efecto opuesto a la "libertad", que mantiene al hombre exento de vicios y eleva la moralidad al nivel de la virtud. (Abbagnano, et, al. 1996:401)

De acuerdo con Rousseau, la educación individual tendría repercusiones positivas, ya que el niño al ser educado individualmente no tendría malas influencias ni aprendería los vicios de la sociedad, sino por el contrario aprendería los valores de la responsabilidad y la autonomía para poder ser autosuficientes. Así, surgen los postulados propuestos por Rousseau:

- Concepción del niño como alumno. La educación del niño es gradual, se le permite que obtenga una educación informal en su familia durante los primeros años de su vida, y formal en la infancia, adolescencia y juventud.
- El rol del maestro. El educador debe esperar con alegre confianza la marcha natural de la educación e intervenir lo menos posible en el proceso de la formación.
- El maestro enseñará realidades y sólo realidades, enseñar por el interés natural y no por el esfuerzo artificial.
- La relación educativa. La relación educativa debe de ser en sociedad, es decir, la educación debe darse no sólo individualmente sino en grupo, favoreciendo la socialización y convivencia con los demás, maestro alumno y viceversa.
- Lo más importante es que el niño aprenda. Es importante que el niño aprenda las normas sociales, pero se le debe educar para que sea reflexivo y crítico. Debe también aprender según sus intereses y etapas de desarrollo.

Federico Froebel

Nació en Turingia, Alemania. Fue hijo de un Ministro Luterano y criado por su madrastra que no le agradaba. Tuvo una niñez solitaria y aislada. Tuvo una vida feliz junto a su tía materna. Fue aprendiz de guardabosques. Cuellar (2001) (2)

Estudió dos años en la Universidad de Jena. Viajó a Yverdun a estudiar el modelo de Pestalozzi y consideró a estos modelos como "incompletos, y parciales, mecánicos, superficialmente trabajados"

Realizó un experimento educativo Rousseauniano. Regresó a Yverdun a estudiar por dos años en la Universidad de Gottignen y Berlín. Perteneció al cuerpo de Infantería de Lutzow Trabajó de minerólogo en el Museo Real de Berlín. Froebel educó a dos sobrinos e inspirado en ellos abrió una escuela a la que llamó "El instituto Educativo Alemán Universal".

Se casó con Henrietta Wilhelmine, quien lo apoyó en su carrera. Estableció su escuela modelo en la aldea de Keilhau, en donde toma como forma educativa naturalista, que consiste en labores físicas y largas caminatas por los bosques. Luego se mudó a Suiza. En 1837 abrió su primer jardín de niños que denominó Instituto para cuidar a los niños. Durante una de sus caminatas encontró el nombre perfecto para esta institución y dijo "Eureka" kindergarten.

La filosofía y Métodos Educativos de Froebel.

En el fondo de la filosofía educativa de Froebel estaba su concepción de unidad, la cual –a su parecer- los niños vivían a través del juego. Froebel creía en la unidad y conexión de los estados internos con las acciones externas. Froebel (2001) (3)

Pensaba que las madres deberían ser enseñadas a "cultivar, cuidar, proteger y salvar" el juego porque los "juegos de la infancia" son las "hojas germinales de la vida posterior"

Creía firmemente en los orígenes divinos de la naturaleza. Pensaba que la educación debería ser "pasiva y conforme" al desarrollo natural y no "categórica y prescriptiva". Froebel, basa su sistema educativo en leyes:

- Ley de la Unidad
- Ley de la Actitud Propia
- Ley de la Conexión
- Ley de los Opuestos

Sus materiales y actividades eran seguidos bajo la ley de los opuestos. Había unos veinte obsequios y ocupaciones, cada uno basado en conceptos geométricos ó actividades artesanales.

Hacía juegos de dedos, dinámicas, canciones y poesía, así como jardinería y actividades para estudiar la naturaleza.

Su principal objetivo era fortalecer la cultura popular y enriquecer el aprendizaje y desarrollo de los niños mediante el fomento y ampliación de las primeras relaciones íntimas de juego entre los adultos y los niños, haciendo que madres y maestras participaran en los juegos.

Concebía el juego de los niños como una actividad muy estructurada y era ambivalente respecto al valor del juego espontáneo.

El Jardín de niños fue asociado con el liberalismo político y con políticas sociales a favor del bienestar de las madres y los niños. Es muy debatible que el pensamiento de Froebel pueda calificarse de feminista.

Froebel pensaba que la raíz de los problemas sociales era la devaluación de la sociedad hacia la función maternal de las mujeres. Ironía era que el remedio de Froebel era la separación de mujeres y niños era la creación de una institución que los separaba.

Froebel no confiaba del todo en que las madres dirigieran e hicieran lo mejor por sus hijos.

El jardín de niños fue asociándose con el Liberalismo Alemán, se concebía como un cambio social sin violencia y sin semilla de transformaciones políticas y sociales radicales.

Una sociedad educativa de mujeres de Hamburgo solicitó un curso de capacitación para mujeres en jardines de niños. En 1850 inauguraron una escuela dirigida por Karl Froebel. En 1851, se prohíbe el jardín de niños por ser concebido como centro de ateísmo y subversión.

En 1852, Froebel muere en estado depresivo. Las mujeres alemanas continuaron con su intensa actividad a favor de la causa. La baronesa Bertha Von Marenholtz-Bulow jugó un papel protagónico en la promoción de las ideas de Froebel en Alemania y Estados Unidos. Cuellar (2001:s/p)

Pensaba que los niños pobres debían ir a los Volkskindergartens, que las mujeres de la clase alta se encargaran de la educación de los niños de la clase baja.

Hizo de la promoción del jardín de niños la misión de su vida, logró reiterar la prohibición de los jardines en 1860.

Henriette Breyman tomó el liderazgo de los jardines liberales, empezó a implantar sus propias ideas sobre el froebelianismo y los derechos de las mujeres y reorganizó la sociedad para la Educación Familiar y Popular iniciada por Marenholtz.

A partir de ahí, el jardín de niños de convirtió en un movimiento internacional

2.1.2 El origen de la Educación Preescolar en México.

El jardín de niños es una institución escolar reciente, pero remontándose a la historia podemos encontrar que en el México Antiguo, la atención a menores se encuentra en diferentes culturas como la mesoamericana, en donde el niño recibía cuidados y atenciones y éstos ocupaban un lugar importante dentro del núcleo familiar; otras culturas que también brindaron atención a los infantes fueron los mayas, toltecas y chichimecas, que llamaban al niño como "piedra preciosa", "colibrí", "piedra de jade", "flor pequeña", así demostraban su amor y cuidado por los niños. Galván (2003:s/p) (3)

Después de la Conquista Española, quedaron muchos niños huérfanos y desvalidos, por lo que el clero se encargó de cuidarlos y educarlos, pero su labor se enfocaba en la conversión religiosa.

Durante la Época Colonial ya consolidada, las "Casas de Expósitos", eran las únicas instituciones de atención infantil en donde las "amas" se encargaban del cuidado y alimentación de los niños. Estas casas eran administradas por religiosas.

Después de la Independencia de México no existen noticias sobre la existencia de planteles dedicados a la atención de menores. En 1837, aparece una institución que atiende a infantes. En el Heraldo Volador se abrió un local para atender a menores de 4 años y junto con "La Casa de Asilo de la Infancia", fundada por la Emperatriz Carlota (1865) aparecen las primeras instituciones para el cuidado de niños con madres trabajadoras.

En el año de 1869, se crea "El Asilo de la Casa de San Carlos", en donde los menores recibían alimento y cuidado.

En el Siglo XIX, la sociedad urbana, estaba compuesta por familias que se dedicaban a oficios artesanales y en las zonas rurales, las familias eran del campesinado, los niños menores de siete años se encontraban en casa recibiendo "educación informal", en donde los padres enseñaban a sus hijos el arte ó el oficio al que se dedicaba la familia. Durante esta época solamente los niños mayores de siete años y de los círculos sociales más altos, tenían acceso a la educación. Galván (2003:s/p)

En 1881 existían cuatro escuelas para párvulos en diferentes estados de la república y para a fines del Porfiriato, la cantidad había aumentado a veintitrés

La Ley de Educación de 1842 mencionaba que la enseñanza elemental era obligatoria para todos los niños de siete a quince años de edad en toda la República Mexicana.

El 4 de Enero de 1881, la escuela de párvulos Número 1, abrió sus puertas y recibió a niños entre 3 y 6 años. Se nombró como directora e institutriz a la señorita Dolores Pasos y como encargado del sistema de enseñanza al Licenciado Guillermo Prieto. Galván (2003:s/p)

En el año de 1883, otra escuela de párvulos abrió sus puertas, fué fundada por Enrique Laubscher, educador alemán, que fue alumno de Federico Froebel. Laubscher continuó con los mismos principios y objetivos que los de su maestro, la enseñanza armonizaba con el interés de los niños, y se basaba en la observación de la naturaleza y el estudio de las matemáticas y las lenguas.

Esta primera escuela de párvulos se llamó "Esperanza" debido a que se fundó en las instalaciones del colegio de niñas de la liga masónica que le dio su nombre. Más tarde, en 1883, el maestro Manuel Cervantes funda un jardín de niños en el Distrito Federal en una sección especial en la Escuela Número Siete. Estas dos escuelas tuvieron un gran éxito e influyeron en el medio educativo.

En el año de 1884, el maestro mexicano Manuel Cervantes Imaz, estableció una escuela de párvulos en el Distrito Federal. El maestro Cervantes fue fundador del periódico "Educador Mexicano", en donde desde 1874, él hacía referencia a su proyecto de "educación natural y práctica para el niño, educación objetiva encarnada en las tendencias y necesidades infantiles".

Una nueva Escuela de Párvulos Número 2, fue fundada en el año de 1885 teniendo como directora a la profesora Dionisia Pruneda, ésta permuta con la profesora Laura Méndez de la Cuenca y la Escuela de Párvulos Número 3, se encontró bajo la dirección de la profesora Adela Calderón de la Barca

Porfirio Díaz, en su informe presidencial del año de 1888, declara que en el establecimiento de las escuelas de párvulos en las cuales se introdujo el método Froebel y además se estaba dando a la enseñanza, un carácter formativo y educativo. Galván (2003:s/p)

Las condiciones del país eran cada vez más difíciles, pero se pretendía mantener una imagen de estabilidad, orden modernidad, riqueza y verdad, por lo que se tomó a la educación como uno de los elementos para proyectar y sostener esa imagen.

La Educación Preescolar adquirió mayor importancia en el año de 1887 cuando se abrió la Escuela Normal para Profesores en la Ciudad de México, en donde en el artículo 9° del Reglamento de esta institución, se estableció que existiría una escuela de párvulos para niños de cuatro a siete años de edad. En este momento, la escuela de párvulos impartía las siguientes materias:

- Dones de Froebel
- Principios de Lecciones de Cosas
- Cálculo Objetivo Hasta el Número Diez
- Nociones Sobre los Tres Reinos de la Naturaleza
- Cultivo del Lenguaje
- Nociones sobre la Historia Patria y Universal
- Nociones de Moral
- Instrucción Cívica
- Canto Coral
- Trabajos de Horticultura
- Cuidados de Animales Domésticos
- Juegos Gimnásticos

Las maestras que deseaban laboral en la escuela de párvulos cursaban su carrera en la Escuela Normal de Profesores, ésta duraba tres años y su programa fue establecido por el director de la Escuela Normal junto con la aprobación del Ministerio de Justicia e Instrucción Pública.

Así también, la maestra Guadalupe Tello directora de una escuela primaria, abrió un anexo en su escuela para atender a los niños en edad preescolar, este grupo fue atendido por la maestra Leonor López Orellana. Gracias a la influencia que ejercieron a las autoridades, se logró incluir en la Escuela Normal para Profesoras una cátedra de educación preescolar, por lo que en la Escuela Normal también se estableció un espacio en donde asistían párvulos a cargo de la maestra Mariana Munguia de Aveleyra, y en donde las profesoras que cursaban la carrera hacían sus prácticas. Al cumplirse el centenario, se pueden encontrar fotografías en donde aparecen maestras con grandes vestidos y sombreros y junto a ellas posaban niñas vestidas de blanco.

Gracias a todos estos movimientos y demandas de la escuela de párvulos, en el año de 1902, el Secretario de Justicia e Instrucción Pública, Justino Fernández, envió una comisión para estudiar la escuela de párvulos en el extranjero, así Rosaura Zapata y Elena Zapata viajaron a San Francisco, Nueva York y Boston para conocer la organización y funcionamiento de las escuelas. Galván (2003:s/p)

En 1903, se comisionó a Rosaura Zapata y a Estefanía Castañeda, otorgándoles el nombramiento de directoras, para establecer y organizar los dos primeros kindergarten en el Distrito Federal que se establecieron en enero de 1904. Estefanía Castañeda fundó el kindergarten "Federico Froebel" y Rosaura Zapata fundó el kindergarten "Enrique Pestalozzi". La doctrina que se aceptó como programa de estos primeros kindergarten fue la froebeliana.

Los recursos materiales, mobiliario y libros de consulta de los nuevos kindergartens eran importados de Estados Unidos, se pretendía que estos planteles fueran iguales que los de este país, pero para México era muy difícil costearlos. Así también los cantos, coros y juegos eran de origen norteamericano.

En el año de 1905 Justo Sierra dictó las reglas para la presentación del examen de profesora de párvulos. Éste se basaba en aprobar tres tipos de pruebas: una teórica, práctica y pedagógica. En la parte teórica se trataba de desarrollar un tema concerniente a los medios y fines del kindergarten. En la sección práctica, tenían que realizar actividades como narrar un cuento o tocar una canción. Y la prueba pedagógica consistía en impartir una lección a un grupo de párvulos.

Justo Sierra comisionó a la profesora Berta Von Glumer en 1907, para cursar la Normal Froebel de Nueva York. Así, ella estudió la organización y funcionamiento de las escuelas normales.

Estefanía Castañeda y Rosaura Zapata eran las encargadas de la formación de las maestras de párvulos hasta que, después de estudiar la carrera, Berta Von Glumer regresó a México e impartió clases como maestra de las practicantes de las escuelas de párvulos en la Escuela Normal para Maestras. Asimismo, Berta Von Glumer presentó un plan de estudios específicos para la formación de las profesoras ya que existía la necesidad de crear de "maestras de párvulos" con una orientación y preparación específica para ese nivel. Éste fue aceptado por las autoridades correspondientes.

Hasta el año de 1907, las escuelas que atendían a menores de 6 años eran llamadas "Escuelas de Párvulos" y se les denominó kindergarten o jardín de niños. Hasta entonces los jardines que existían eran:

Esc. Núm. 1 kindergarten Federico Froebel

Esc. Núm. 2 kindergarten Enrique Pestalozzi

Esc. Núm. 3 kindergarten Enrique C. Rébsamen

Esc. Núm. 4 kindergarten Herbert Spencer

El Consejo Superior de Educación Pública aceptó, en 1908, que los jardines de niños pasaran a depender del Ministerio de Gobernación, en este momento existían en el país los siguientes kindergartens:

1907, en Zacatecas 7 kindergartens

1908, en Sinaloa 2 kindergartens

1908, en Tamaulias 1 kindergarten

1908, en el D.F. 5 kindergartens

La Carrera de Maestras de Párvulos ganó otro logro en 1908, cuando en la Ley Constitutiva de las Escuelas Normales Primarias se exponía "En la escuela normal primaria para maestras se preparará la formación de educadoras de párvulos. Al efecto se modificará para ellas el plan indicado en artículos anteriores, de modo que comprenda el conocimiento práctico y teórico de los kindergarten". Ley Constitutiva de las Escuelas Normales Primarias citado por Galván (2003:s/p).

La Secretaría de Instrucción Pública y Bellas Artes creó, en 1910, la Carrera de Educadoras de Párvulos en la misma Escuela Normal para profesoras, que se encontraba en el edificio que ocupa actualmente la Secretaría de Educación.

Rosaura Zapata continúo con sus viajes de estudio. En Inglaterra asistió a escuelas especiales para niños con desarrollo mental tardío y a escuelas al aire libre con niños anémicos. Ella proponía crear una escuela que únicamente que preparara a docentes en la instrucción de niños menores de 6 años.

Durante la Revolución Mexicana los jardines de niños atravesaron por diversos obstáculos pero continuaron funcionando gracias a que el gobierno encontró que estas instituciones servían a las clases altas y medias, por lo que trató que la clase baja también contara con éste servicio.

Para llevar la Educación Preescolar a las clases bajas se crearon secciones subprimarias en escuelas elementales. De esta manera, muchas educadoras quedaron bajo el cargo de directoras que no contaban con formación, ni experiencia en jardines de niños.

El Presidente Francisco I. Madero propuso dentro de la política educativa, que la educación adquiriese un carácter popular, ya que durante el Porfiriato, la educación se orientaba a las clases altas.

En 1911 quedaron establecidas dos escuelas de preescolar, la Escuela "Morelos" teniendo como directora a la profesora Inés Villarreal y el Colegio "Zaragoza" con la directora Refugio C. Orozco. En 1913, se fundó el preescolar "Melchor Ocampo" bajo la dirección de la profesora Bertha Domínguez.

El Presidente Madero se preocupó de la educación e instrucción para el pueblo, ya que existía un analfabetismo alarmante y la educación permitiría la implantación de la libertad y democracia.

En enero de 1914, se dio a conocer una ley en la que se establecía que en los jardines de niños, la educación tendría como objetivo el desenvolvimiento armónico de las buenas cualidades de los niños. Se tomaban en cuenta las cuestiones físicas, morales e intelectuales, se trabajaba con la corrección de defectos físicos, psíquicos y sociales. Se subrayaba la necesidad de despertar el amor a la patria y en ser neutral en cuestiones religiosas. Las actividades de preescolar tendrían que contribuir a la formación de la personalidad de cada alumno.

Entonces, los jardines de niños serían gratuitos y admitirían a niños de tres a seis años de edad y serían mixtos. En 1915, se permitió el establecimiento de escuelas particulares, siempre y cuando tuvieran apego a las leyes.

Hasta este momento, estas escuelas utilizaban melodías, juegos y actividades de origen norteamericano, por lo que Estefanía Castañeda y Rosaura Zapata y Berta Von Glumer, se dieron a la tarea de componer melodías, escribir literatura infantil como cuentos y rimas, cantos y juegos propios del jardín de niños.

Los problemas y obstáculos a los que tuvieron que enfrentarse las primeras educadoras fueron muchos. Incluso en 1917 fueron suprimidas del presupuesto de la Secretaría de Instrucción Pública y Bellas Artes. Un ejemplo de ello, fue la maestra Josefina Ramos del Río, quien llevó una vida precaria, en 1917 se hizo cargo del Curso de Educadoras, anexo a la Normal de Señoritas, impartía casi en su totalidad las materias del curso. Esto lo hacía con el objetivo de formar educadoras que el país necesitaba y especialmente, para que la carrera no fuera suprimida.

Hasta el año de 1921, el Rector de la Universidad, José Vasconcelos, y el Director General, Francisco César Morales, lograron reincorporarlas al sector educativo.

2.1.3 La consolidación de la Educación Preescolar.

En el Primer Congreso del Niño, en 1921, se trataron diversos temas, entre ellos se habló de los jardines de niños. Así, se hace referencia a la misión incompleta de las escuelas de preescolar, en donde los niños más necesitados no asistían a estas instituciones. Galván (2003:s/p)

Las escuelas de jardines de niños aumentaron de 17 a 25 en la capital de la República Mexicana. Se trató que los trabajos y actividades propiciaran un ambiente natural y agradable para la educación de los alumnos.

La primera Inspección General de Jardines de Niños se creó en el año de 1928, siendo Rosaura Zapata su directora, quien presentó un proyecto para transformar los kindergarten. Este cambio consistía en formar niños mexicanos, saludables, alegres, espontáneos y unidos, seres que fueran laboriosos independientes y productivos.

Se crearon juegos, se compuso música mexicana, el mobiliario fue elaborado por obreros mexicanos, ésto encaminaría a despertar el amor de los niños por su patria.

En el D.F. el número de kindergartens aumentó a 84 a finales del gobierno de Plutarco Elías Calles. El Secretario de Educación de esta época afirmó: "Por haber sido siempre limitado el número de jardines de niños, la sociedad los ha mirado siempre como privilegio de la casa rica" (Galván, 2003; s/p); por lo que la SEP comenzó a establecer secciones de párvulos anexas a las escuelas primarias, así el jardín de niños se logró convertir en una institución popular.

La Inspección General de Jardines de Niños se elevó al rango de Dirección General en 1931. En busca de la democratización de estas instituciones, algunas se establecieron en los barrios más pobres, asimismo se fundaron ocho jardines anexos a las escuelas normales rurales. Para 1932 este servicio se encontraba en toda la capital, incluso se ubicaron jardines de niños en lugares alejados para atender a niños campesinos.

En cada institución de Educación preescolar se mantenía un vínculo de trabajo entre padres de familia y educadoras, quienes trabajaban juntos para beneficiar al plantel. Incluso en algunos planteles se dieron clases de corte, confección y cocina para apoyar a las madres de familia. Gracias a estas actividades se lograba un mayor acercamiento entre la escuela y la comunidad.

En 1937, el presidente Cárdenas decretó que la educación preescolar quedara adscrita a la dirección de Asistencia Infantil, en 1938, ésta pasó a ser la Secretaría de Asistencia Social.

En el año de 1941, algunas educadoras normalistas redactaron un documento al Presidente Ávila Camacho, en donde explicaban que la Educación Preescolar va dirigida a niños sostenidos por la tutela familiar, y que aquellos que requieran la del Estado deberían seguir atendidos por la Secretaría de Asistencia Pública (SAP)

El jardín de niños se definió, como una institución "eminentemente educativa" creada para niños con necesidades básicas satisfechas.

En 1941, el Presidente Ávila Camacho trasladó este nivel escolar a la Secretaría de Educación Pública, de esta manera se creó el Departamento de Educación Preescolar y se formó una comisión que reorganizaría los programas relacionados con salud, educación y recreación.

La Secretaría de Educación Pública comenzó a hacer grandes esfuerzos para mejorar las instalaciones de los jardines de niños y para equiparlos con material didáctico y mobiliario. El número de planteles aumentó gracias a que el Secretario de Educación Pública, Torres Bodet, consideró que aunque las madres eran las responsables de la educación de sus hijos, muchas de ellas no tenían ni tiempo ni preparación para hacerlo de manera correcta y adecuada, así surgió la necesidad de que el Estado, a través de la educación preescolar apoyara a las madres.

En 1946, existía ya un total de 620 jardines de niños en todo México. El Presidente Miguel Alemán también consideraba importante la educación de párvulos. Así que la Dirección General de Educación Preescolar se orientó a preparar educadoras en toda la República. Con este propósito se puso en práctica el "radiokinder", a través de programas diarios que las docentes debían desarrollar con los alumnos.

En este tiempo, los principales objetivos de la educación eran:

- La salud del niño
- El desarrollo de su personalidad
- El desarrollo de un ambiente sano
- Las relaciones con los padres de familia, a quienes se consideraba como los mejores educadores de los alumnos.

Durante el sexenio de Adolfo Ruiz Cortínez, (1952-1958) se le dio más importancia a los aspectos técnicos que económicos de los planteles preescolares, de esta manera, se subrayaba la atención de los niños y la cooperación de los miembros de su familia en la labor educativa. Con esto, se logró el apoyo de las autoridades, de los padres de familia y las educadoras. Lo anterior, trajo como consecuencia que los planteles preescolares aumentaran a 1 132 en toda la república y que en 1957 se celebrara el Congreso de la Organización Mundial para la Educación Preescolar (OMEP).

Las mujeres que entraban en el mercado laboral empezaban a llamar la atención, un ejemplo lo podemos encontrar en el informe presidencial del año 1957-1958, en donde se habla de la atención a los pequeños con el servicio de seis "guarderías infantiles" a donde asistían hijos de empleados administrativos y de maestros. Ésto significaba que existía la necesidad de un lugar seguro en donde los infantes fueran atendidos mientras sus mamás salían a trabajar.

En el gobierno del Presidente Adolfo López Mateos (1958-1964) se hizo notar una preocupación por mejorar la Educación Pública, ésto condujo al establecimiento de más planteles de educación preescolar y su número aumentó a 2 324. Así también se reubicó la Escuela Nacional para Maestras de Jardines de Niños (1960) en su nuevo edificio.

En este mismo sexenio también se produjeron cambios en la educación preescolar, la reforma indicaba nuevas normas: protección de los párvulos en cuanto a salud, crecimiento, desarrollo físico e intelectual y formación moral; iniciación en el conocimiento y uso de los recursos naturales de la región en que habitaban: adaptación al ambiente social de la comunidad; adiestramiento manual e intelectual, mediante labores y actividades; estimulación de la expresión creativa del pequeño. En esta reforma también se le asigna el siguiente plan:

- Protección y mejoramiento de la salud física y mental
- Comprensión y aprovechamiento del medio natural
- Comprensión y mejoramiento de la vida social
- Adiestramiento en actividades prácticas
- Expresión y actividades creadoras.

El avance de la Educación Preescolar bajó su ritmo durante el sexenio de Gustavo Días Ordaz, en donde se dio mayor importancia a otras cuestiones, por lo que los docentes opinaban al respecto, que después de haberse llevado a cabo el Congreso de la Organización Mundial para la Educación Preescolar en México aún no se formaba un "grupo mexicano" que apoyara a esta institución siendo que en Chile y Uruguay existían ya avances importantes en cuanto a esto. Así también, hubo un aumento mínimo de instituciones de preescolar, ya que de 2 324 llegaron a ser 3 164. Lo anterior, no concordaba con el incremento de la población escolar que aumentaba en coordinación con el número de madres que laboraban.

Uno de los avances más importantes en la historia de la educación preescolar se dió durante el gobierno del Presidente Luis Echeverría (1970-1976). Se logró reestructurar los planes de trabajo con base en las corrientes psicopedagógicas modernas, que se adaptaron a las características de cada región.

Se explicaba en que el proceso de aprendizaje radicaba en dos actividades fundamentales: jugar y ampliar las experiencias sensomotrices. Con el juego el niño aprende a coordinar el ritmo de sus movimientos, a desarrollarse física y socialmente y contribuye a modelar su personalidad y a practicar sus habilidades.

La educación preescolar tenía los siguientes contenidos:

- El lenguaje
- Las matemáticas

- El hogar y el jardín de niños
- La comunidad
- La naturaleza
- El niños y la sociedad
- El niño y el arte
- Las festividades y los juguetes.

La Educación Preescolar traía consigo varios problemas, el principal de ellos era la cobertura. En el Ciclo Escolar 1976-1977 atendía sólo al 16% de los niños de cuatro años y el 14% de cinco años. Otro problema era que el número de educadoras era insuficiente. Un tercer problema era que la SEP no tenía un programa con validez oficial, ni un plan sistematizado para fundar jardines de niños.

Con el objetivo de tener mayor cobertura, en Septiembre de 1979, la SEP solicitó al CONAFE realizar un proyecto para la Educación Preescolar para operar en localidades rurales.

El programa comenzó en el Ciclo Escolar 1980-1981 en forma experimental en 100 comunidades rurales atendiendo a un total de 2 300 niños de cinco años.

Este programa creado por CONAFE se llevaba a cabo con un instructor de 15 a 20 años y con secundaria concluida, al instructor se le capacitaba para el manejo de materiales didácticos en dinámica de grupo.

Para el siguiente año escolar el programa dio cobertura a 600 comunidades rurales dando beneficio a 15 000 comunidades rurales en 21 Estados. En el Ciclo Escolar 1982-1983 daba atención a 1 800 comunidades atendiendo a más de 45 000 niños en todo el país.

Durante la administración del Presidente López Portillo, la matrícula de estudiantes de preescolar se triplicó, atendiéndose a un total de 2 215 000 niños. .

En 1987 se informó en el Diario Oficial sobre el acuerdo en el que se señalaban las bases para permitir a los jardines de niños particulares incorporarse a la SEO a través de una validez oficial de estudios.

El número de alumnos que asistían a preescolar ascendió a 3 238 337 en el año 1996-1997, que representa un incremento del 2% en relación al año anterior.

La historia de la Educación Preescolar nos muestra que la atención y el reconocimiento de su importancia por parte de la población y las autoridades en México es reciente.

2.1.4 Obligatoriedad de la Educación Preescolar.

Durante muchos años a la Educación Preescolar no se le concede la importancia que verdaderamente tiene, Sólo a través de estudios, investigaciones y pruebas científicas en donde se puede comprobar la importancia formativa de los primeros años, que empezó a vislumbrarse dentro de la Constitución Política de los Estados Unidos Mexicanos, en su artículo 31 y la Ley General de Educación, en éstas se declara que en estos años de vida del ser humano se determina el desenvolvimiento futuro del niños, se adquieren hábitos de alimentación, salud, higiene, y se establecen las bases de su capacidad de aprendizaje. Asimismo, la motivación intelectual que se le da al niño en preescolar puede aumentar las capacidades de los alumnos para su desarrollo educativo posterior, esto último se puede comprobar con la reducción de la deserción y reprobación en los primeros grados de la escuela básica. Artículo 31, Ley General de Educación (2008:11)(4)

Otro punto muy importante para que se llegara a la obligatoriedad de la educación preescolar fue la labor de los padres de familia, quienes se comprometían a llevar a sus hijos a recibir educación. Al llegar sus hijos a primaria se encontraban con ventajas ante los niños que no habían asistido a preescolar.

Finalmente, en el sexenio del Presidente Vicente Fox Quesada (2201-2006), se reformaron algunas cuestiones a la Constitución Política, entre ellas se declaró la obligatoriedad de la Educación Preescolar.

Los plazos de la obligatoriedad del nivel preescolar quedaron establecidos de la siguiente manera:

3er. Año 2004-2005

2o. año 2005-2006

1er. año 2008-2009

Sin embargo, nuestro país no ha encontrado los recursos necesarios para cumplir con esta obligatoriedad, por lo que hasta este momento, sólo el tercer año de educación preescolar es obligatorio para entrar a la Educación Primaria.

2.1.5 Historia de la Familia.

A continuación se presentarán los estadios y cambios de la estructura familiar durante la historia.

Estadios Prehistóricos de la Cultura.

Morgan citado por Engels (1891:2)(5), trató de introducir un orden preciso en la prehistoria de la humanidad. De las tres épocas principales, salvajismo, barbarie y civilización, éstas se subdividen en los estadios inferior, medio y superior, de acuerdo a los progresos obtenidos en la producción de los medios de existencia "La habilidad en esa producción desempeña un papel decisivo en el grado de superioridad y de dominio del hombre sobre la naturaleza…". El desarrollo de la familia opera paralelamente con estos estadios.

Salvajismo.
- Estadio Inferior. Infancia del género humano, los hombres vivían en los árboles. Los frutos servían de alimento; el principal progreso de esta época es la formación del lenguaje articulado.
- Estadio Medio. Comienza con el empleo del pescado como alimento con el uso del fuego. Pero con este nuevo alimento los hombres se hicieron independientes del clima y de los lugares; siguiendo el curso de los ríos y las costas de los mares pudieron extenderse sobre la mayor parte de la tierra. Los toscos instrumentos de piedra, paleolíticos, pertenecen a este periodo y se encuentran diseminados por todos los continentes, siendo una prueba de esas emigraciones. La población de nuevos lugares y el afán de nuevos descubrimientos y la posesión del fuego trajeron consigo el empleo de nuevos elementos, como raíces y tubérculos farináceos, cocidos en ceniza caliente ó en hornos excavados en el suelo, y también la caza, que con la invención de las primeras armas, la maza y la lanza, llegó a ser un alimento suplementario ocasional. Jamás

hubo pueblos exclusivamente cazadores. La antropofagia nace en este estadio.

- Estadio Superior. Comienza con la invención del arco y la flecha, gracias a los cuales llega la caza a ser un alimento regular, y el cazar, una de las ocupaciones normales. El arco, la cuerda y la flecha forman un instrumento muy complejo, cuya invención supone larga experiencia acumulada y facultades mentales desarrolladas, así como el conocimiento simultáneo de otros muchos inventos. Se encuentran indicios de residencia fija en aldeas, y se muestra cierta maestría en la producción de medios de subsistencia, vasijas y trebejos de madera, tejido a mano, cestos trenzados, con albura o con juncos, instrumentos de piedra pulimentada (neolíticos). El fuego y el hacha de piedra han producido ya la piragua formada de un solo tronco de árbol y en ciertos lugares las vigas y las tablas. El arco y la flecha fueron para el estadio salvaje lo que la espada de hierro para la barbarie y el arma de fuego para la civilización.

La Barbarie

- Estadio inferior. Empieza con la introducción de la alfarería, nació de la costumbre de recubrir con arcilla las vasijas de cestería o de madera para hacerlas refractarias al fuego. El rasgo característico es la domesticación y cría de animales y el cultivo de las plantas: el continente oriental poseía casi todos los animales domesticables y todos los cereales propios para el cultivo. El continente Americano no tenía mamíferos domesticables más que la llama, y sólo uno de los cereales cultivables: el maíz.

- Estadio Medio. En el Este, comienza con la domesticación de animales y en el Oeste, con el cultivo de las hortalizas por medio del riego y con el empleo de adobes y de la piedra para la construcción. Este estadio para el oeste no fue superado en ninguna arte hasta la conquista de América por los europeos. Existía cierto cultivo hortense del maíz y quizá de la calabaza, del melón y otras plantas de huerta que les suministraban una parte muy esencial de su alimentación; vivían en casas de madera, en aldeas protegidas por empalizadas. Las tribus del Noroeste se hallaban en el estadio superior del estado salvaje y no conocían la alfarería ni el cultivo, los indios de Nuevo México, los mexicanos, los centroamericanos y los peruanos de la época de la conquista se hallaban en el estadio medio de la barbarie, vivían en casas de adobe y de piedra; cultivaban en huertos de riego artificial el maíz y otras plantas, redujeron a la domesticidad a algunos animales; los mexicanos domesticaron el pavo, y otras aves; los peruanos la llama. Labraban metales con excepción del hierro. La conquista española cortó todo ulterior desenvolvimiento independiente. En el Este, se inició el estadio medio de la barbarie con la domesticación de animales para el suministro de leche y carne, mientras el avance en el conocimiento del cultivo permaneció desconocido hasta muy avanzado este periodo. La domesticación de animales, la cría de ganado y la formación de rebaños pueden ser la causa de que los arios y semitas se apartasen del resto de la masa de los bárbaros. En los pastizales fue donde se consiguió domesticar a los animales. Probablemente, el nacimiento del cultivo de cereales nació aquí debido a la necesidad de proveer forrajes a las bestias. La evolución de los arios y semitas se debe, al parecer, al consumo de leche y carne, lo que benefició el desarrollo de los niños; en cambio, los indios de Nuevo México, con una alimentación basada en vegetales, desarrollaron un cerebro más pequeño que los indios del estadio inferior de la barbarie que consume más carne y pescado. Por lo que en este estadio, se considera el fin de la antropofagia.

- Estadio Superior. Comienza con la fundición de metales, principalmente el hierro, y pasa al estadio de la civilización con el invento de la escritura alfabética y su empleo para la literatura. A este estadio pertenecen los griegos de la época heroica, las tribus ítalas de la fundación de Roma, los germanos de Tácito, los normandos del tiempo de los vikingos. En este estadio aparece el arado de hierro tirado por los animales, con lo que surge la agricultura y se produce un aumento de los medios de existencia. Se observa la tala de bosques y su transformación en tierras de labor y praderas. La herencia principal de los griegos de esta época, fueron los fuelles de fragua, el molino de brazo, la rueda de alfarero, la preparación del aceite y del vino, el labrado de los metales en arte, la carreta y el carro de guerra, la construcción de barcos con tablones y vigas, los comienzos de la arquitectura como arte, las ciudades amuralladas, las epopeyas homéricas y la mitología.

Origen de la Familia.

Engels (1891) explica que Morgan realizó varios viajes de investigación en Hawai, Nueva York, en donde encontró tribus en estadios previos que aún viven con sistemas de parentesco anteriores al actual.

"La familia es un elemento activo, nunca permanece estacionada sino que pasa de una forma inferior a una forma superior a medida que la sociedad evoluciona de un grado más bajo a otro más alto. Los sistemas de parentesco, por el contrario son pasivos; sólo después de largos intervalos registran los progresos hechos por la familia y no sufren una modificación radical sino cuando se ha modificado radicalmente la familia" Morgan citado por Engels (1891: 9)

El estudio de la historia primitiva revela que los hombres practicaban la poligamia y las mujeres la poliandria y en que los hijos de unos y otros se consideran de ambos. Estos hechos pasan por un proceso de cambios hasta dar por resultado la monogamia. Estas modificaciones han hecho que de la familia creada por la unión conyugal común, se vaya delimitando poco a poco hasta formar a la pareja aislada de la actualidad.

Morgan y sus colegas llegan a la conclusión que el origen de la familia se dió en un estadio primitivo en el que predominaba el comercio sexual promiscuo, así cada mujer pertenecía a todos los hombres de la tribu y cada hombre a todas las mujeres.

Se le debe a Bachofen el mérito de haber llevado por primera vez el estudio de esta cuestión. Esta época de promiscuidad sexual ha sido suprimida por algunos investigadores que consideran a ésta como un acto que sólo las especies más inferiores realizan. Engels (1891:10)

Sin embargo, en los mamíferos aparecen todas las formas de la vida sexual: la promiscuidad, la poligamia, la monogamia, la unión por grupos, la única que no aparece es la poliandria, a la que sólo los seres humanos pueden acceder

Se han realizado muchas investigaciones en animales, especialmente en los cuadrumanos, nuestros parientes más próximos, para estudiar estadios inferiores de la familia. Los datos que resultan no son confiables.

Espinas menciona que "La horda es el más elevado de los grupos sociales que hemos podido observar en los animales. Parece compuesto de familias, pero ya en su origen la familia y el rebaño son antagónicos; se desarrollan en razón inversa una y otra" esto da como conclusión que los estadios anteriores a la familia actual no pueden ser descubiertos a través del estudio de monos antropomorfos. Espinas citado por Engels (1891:11).

La familia animal y la sociedad humana primitiva son incompatibles, lo cierto es que el hombre, siendo tan débil en comparación con las demás especies, sólo pudo sobrevivir y salir de la animalidad para realizar el mayor progreso de la naturaleza, necesitaba de un elemento más, remplazó su carencia de defensas, por la unión de fuerzas y la acción común de la horda.

Únicamente con la tolerancia y la ausencia de celos, se podía formar la condición para establecer grupos extensos y duraderos.

La forma de matrimonio más antigua es el matrimonio por grupos, en donde todos los hombres y mujeres se pertenecen recíprocamente. Un estadio posterior es el de la poliandria, que excluye casi en su totalidad a los celos, y se cree que por tal razón no es conocida por los animales. Con esto se puede explicar que los celos son un sentimiento que se desarrolla tarde, al igual que el incesto, el cual aún en la actualidad es legal en algunos pueblos.

Antes de la idea ilegal del incesto, el comercio sexual entre padres e hijos no podía ser más repugnante que entre personas de generaciones distintas.

Después del estadio de matrimonios por grupos, podemos encontrar la familia consanguínea, la familia punalúa y la familia sindiásmica.

1)   Familia Consanguínea

Se le considera la primera etapa de la familia, en ella, los grupos conyugales se agrupan por generaciones, de esta manera se tiene que todos los abuelos y abuelas son maridos y mujeres entre sí, los padres y madres también son maridos y mujeres recíprocamente y los hijos e hijas pertenecen al siguiente círculo conyugal. En este modelo familiar, los excluidos como cónyuges son los ascendientes y descendientes, esto quiere decir, que los hijos no podían tener como pareja conyugal a sus madres ni las hijas a sus padres o abuelos. En cambio era permitido el matrimonio entre hermanos y hermanas, primos y primas y demás siempre y cuando fueran de la misma generación. Este tipo de familia ha desaparecido completamente.

2) Familia Punalúa

El segundo avance en el establecimiento de la familia actual fue en la familia punalúa, en la cual se excluye a los hermanos del círculo conyugal. Este estadio se realizó poco a poco iniciando con la exclusión de hermanos maternos. Mediante un proceso lento, esta conversión se dió de manera aislada terminando como una regla general y terminó con la prohibición del matrimonio entre hermanos colaterales (primos carnales, primos segundos y terceros). Las tribus que desarrollaron esta familia debieron desarrollarse rápidamente y de manera más completa que las que aun permitían el matrimonio entre hermanos.

"La economía doméstica del comunismo primitivo, que domina exclusivamente hasta muy entrado el estadio medio de la barbarie, prescribía una extensión máxima de la comunidad familiar, variable según las circunstancias, pero más o menos determinada en cada localidad. Pero, apenas nacida, la idea de la impropiedad de la unión sexual entre hijos de la misma madre debió ejercer su influencia en la escisión de las viejas comunidades domésticas y en la formación de otras nuevas que no coincidían con el grupo de familias" (Engels 1891:15). De esta manera, un grupo de hermanas se convertían en el núcleo de una comunidad y sus hermanos en el núcleo de otra comunidad.

La familia punalúa, según la costumbre hawaina, un grupo de hermanas eran mujeres comunes de sus maridos comunes, de los que sus hermanos eran excluidos. Estos esposos, ya no eran hermanos, ahora se llamaban entre sí "punalúa", o sea, compañero íntimo. De la misma manera sucedía con un grupo de hermanos quienes tenían mujeres comunes y entre ellas se nombraban punalúa,

La prohibición del comercio sexual entre hermanos trajo consigo la división de los hijos de hermanos y hermanas en dos clases: unos seguían siendo hermanos y hermanas (colaterales); y otros, los hijos de los hermanos en un caso, y en otro los hijos de las hermanas no podían ser ya hermanos o hermanas, ya no pueden tener progenitores comunes, así nace la necesidad la clase de los sobrinos y sobrinas, de primos y primas.

En este caso, se puede decir que la institución de la gens parece ser fruto de la familia punalúa. Un grupo de australianos tienen una forma primitiva de la gens, en ésta existe el matrimonio por grupos, en donde sólo los hermanos maternos o uterinos son excluidos del círculo conyugal. Es lógico que en cualquier parte donde se de el matrimonio por grupos, la descendencia sólo se puede dar por línea materna.

Otro estadio primitivo de la familia punalúa o un estadio superior de la familia de matrimonios por grupos fué encontrado entre australianos. Esta tribu se divide en dos grandes grupos, los krokis y los kumites, se puede observar que cada hombre de uno de los grupos, es marido de las mujeres del otro grupo. Por ejemplo, un hombre kroki es marido de toda mujer kumite. Aún su hija, que pertenece al grupo kumite, puede compartir relaciones sexuales con él. Se considera que esta forma de familia se encuentra entre la familia consanguínea y la punalúa.

Otro avance en el sistema familiar se puede observar en el grupo de los kamilarois en Nueva Gales, Australia. En donde los dos grandes grupos originales se han dividido en cuatro, de esta manera cada una de estas cuatro clases se casa con otra determinada. Así se tiene que, las dos primeras clases son maridos natos, una de otra, pero según el grupo en que pertenezca la madre pasan los hijos. Da como resultado que el grupo 1 pertenece al grupo 2, y el grupo 3 pertenece al grupo 4. De modo que hijos de hermanos y hermanas maternas no pueden ser marido y mujer, pero sí pueden serlo los nietos de hermano y hermana.

Lo importante es que se trata de impedir el matrimonio entre consanguíneos aunque sea de modo espontáneo y sin conciencia del fin que se tiene.

Señales de la monogamia se empiezan hacer visibles con raptos de mujeres, en donde un joven con ayuda de otros, se lleva a una joven, ésta es gozada por todos, sin embargo, después se le considera como mujer del joven que realizó el rapto. Pero si la mujer que había sido raptada huye y es raptada por otro, se convierte en esposa de éste. Como se puede concluir entre la familia por grupos, la consanguínea y la punalúa, existen sistemas familiares intermedios.

3) Familia Sindiásmica

Entre el matrimonio por grupos, se encuentra que ya existían parejas conyugales por un tiempo relativamente largo, un hombre tenía una mujer principal y éste a la vez, era el esposo principal de ella. Este tipo de parejas se debieron ir consolidando conforme existía la prohibición del matrimonio entre hermanos y hermanas y aún más por la anulación del matrimonio entre consanguíneos. Entre la mayoría de los indios del estadio inferior de la barbarie, el matrimonio entre todos los parientes consanguíneos estaba prohibido.

En la familia sindiásmica, un hombre es marido de una mujer, sin embargo la poligamia y la infidelidad eran aún un derecho para los hombres, pero por razones económicas la poligamia se daba raramente. Pero a la mujer se le exige una fidelidad estricta, en donde el adulterio por parte de una mujer era castigado brutalmente. Este vínculo se podía disolver con facilidad y los hijos sólo pertenecían a la madre.

"La exclusión progresiva, primero de los parientes cercanos, después de los lejanos y, finalmente, de las personas meramente vinculadas por alianza, hace imposible en la práctica todo matrimonio por grupos; en último término no queda sino la pareja, unida por vínculos frágiles aún, esa molécula con cuya disociación concluye el matrimonio en general" (Engels 1891: 22).

En el matrimonio sindiásmico, aparece en muchas ocasiones, el rapto y compra de mujeres, ya que las mujeres empezaban a escasear, a diferencia de los estadios anteriores en donde los hombres tenían muchas mujeres.

Entre muchos indios de América, el matrimonio se daba sin consultar a los dos jóvenes, ésto se acordaba entre los padres. Muchas veces los jóvenes quedaban comprometidos aunque no se conocieran y hasta el día del enlace matrimonial se les comunicaba el trato. Este matrimonio podía ser disoluble si los cónyuges lo quisieran, pero en algunas tribus como la de los iroqueses, estas rupturas eran mal vistas, incluso, los parientes tratan de reconciliar el matrimonio, sólo si no se llegaba a un acuerdo, la ruptura se daba. La mujer se quedaba con los hijos y ambos esposos tenían la oportunidad de casarse de nuevo.

A diferencia de la familia sindiásmica, el hogar comunista era más fuerte y estable. En el hogar comunista predomina la mujer, así como el exclusivo reconocimiento de madre, ésto se debía a que no se conocía el verdadero padre biológico. Ésto significaba una profunda estimación de las mujeres y de las madres. Podemos encontrar que en todos los estadios de la cultura, en el inferior, medio y superior y en parte hasta el estadio superior de la barbarie, la mujer era libre y muy apreciada. En cambio, la señora de la civilización, rodeada de aparentes homenajes, quien no participa en ningún tipo de trabajo, se ve como una verdadera dama. Pero que se le cree incapaz de trabajar y a la que se confiere menor valor que a la mujer de los estadios anteriores.

Otro ejemplo del tránsito del matrimonio por grupos a la familia sindiásmica se expresó en Babilonia, donde las mujeres se liberaban del matrimonio por grupos. Se veían obligadas a entregarse una vez al año en el templo de Mylitta; otras comunidades de Asia Menor, enviaban a sus mujeres al templo de Anaitis, en donde, durante algunos años debían entregarse al amor libre con los hombres elegidos por ellas antes de permitírseles casarse.

Los hijos sólo tenían cierto quién era su madre. Por lo que los cuidados y responsabilidades correspondían a la madre. En otros lugares, islas Baleares y entre los águilas africanos, los hombres invitados a la boda ejercían con la novia durante el festejo mientras que al novio le llegaba su turno al concluir los demás.

En Castilla, en la Edad Media, 1486, se encontró un documento dirigido a Fernando el Católico, en donde los campesinos prohibían que los señores y barones durmieran con las hijas y novias de los campesinos, ni antes ni durante los festejos de la boda, ni tampoco servirse de las hijas contra su voluntad con ó sin pago.

Bachofen (citado por Engels, 1891: 26) afirma que el paso del matrimonio por grupos a la monogamia se debe principalmente a la labor de las mujeres. Estas relaciones debieran ser tan opresivas y envilecedoras que debieron anhelar el derecho a la castidad y al matrimonio con un solo hombre. El hombre no podría ser la razón de este tránsito ya que nunca ha pasado por la mente renunciar a los goces del matrimonio por grupos. El matrimonio por grupos aparece mayoritariamente en el salvajismo, mientras que el la familia sindiásmica de la barbarie y la monogamia de la civilización.

En Europa o Viejo Mundo, la domesticación de animales y la cría de ganado eran riquezas antes desconocidas, éstas dieron lugar a nuevas relaciones sociales. Hasta el estadio inferior de la barbarie, la riqueza consistía en la habitación, vestidos y adornos, así como los utensilios para reparar alimentos: El alimento tenía que ser conseguido diariamente. En esta época los pueblos pastores habían ganado riquezas con sus caballos, camellos, asnos, bueyes, etcétera, pero éstas necesitaban de vigilancia y de cuidados primitivos para reproducirse eran cada vez mayor, además de alimentarles con leche y carne. . De esta manera, la caza pasó a un segundo plano que se convirtió en un lujo.

Gracias a este desarrollo la propiedad privada se desarrolló. Encontrando los rebaños como propiedad privada particular de los jefes de familia, con el mismo título que los productos de arte de la barbarie, los enseres de metal, los objetos de lujo y, finalmente el ganado humano, los esclavos.

En el estadio inferior de los bárbaros, la esclavitud había sido ya inventada. Al aparecer la cría de ganado, la fundición de metales, el tejido y la agricultura la esclavitud se empieza a consolidar. Desde que los rebaños pasaron a ser propiedad de la familia y la fuerza de trabajo pasó a tener un valor de cambio y de compra. Ya que la familia no se lograba reproducir tan rápido como la necesidad de la cría del ganado eran necesarias más personas para su cuidado, así el prisionero de guerra paso a ser esclavo que significaba fuerza de trabajo.

De esta forma, el matrimonio sindiásmico introdujo un cambio. Junto a la madre también yacía el verdadero padre, correspondía a éste procurar la alimentación y los instrumentos de trabajo, por lo que él era el dueño de éstos medios de producción, en caso de separación él llevaba consigo dichos instrumentos, así como la mujer llevaba sus enseres domésticos. Sin embargo, los hijos no eran herederos de estos enseres. .

Al morir el propietario de los rebaños éstos pasaban a ser de los hermanos y hermanas y de los sobrinos.

Al ser el hombre el propietario de estas riquezas y al irse aumentando, daban a los hombres una posición más importante que la mujer en la familia. Ésto provocó que naciera en el hombre la idea de modificar el orden de herencia antes establecido.

Pero no fue sino hasta que la filiación de la mujer, según el derecho materno fuera abolido. Ésto se estableció al decidirse que los siguientes descendientes de un hombre pertenecieran a su gen, así la gens femenina desaparece. Quedando consolidados la filiación masculina y el derecho hereditario paterno.

"El derrocamiento del derecho materno fue la gran derrota histórica del sexo femenino en todo el mundo" (Engels, 1891. Pág. 30). El primer efecto del poder exclusivo de los hombres se observa en la forma de la familia patriarcal. Esta familia se caracteriza por la organización de cierto número de individuos que son libres y no libres, en una familia bajo el poder paterno.

Esta nueva familia, permite al padre una plena poligamia, en cambio los esclavos tienen una mujer e hijos. Tienen como objetivo, la institución completa, la crianza del ganado. Los rasgos principales son la incorporación de los esclavos y la potestad paterna, la familia romana es un claro ejemplo de ésta.

En su origen, la palabra familia viene de la palabra "famulus", que quiere decir esclavo doméstico, de esta manera la familia se refería al conjunto de esclavos pertenecientes a un mismo hombre.

Esta forma de familia marca el cambio de la familia sindiásmica a la monogámica. Para asegurar la fidelidad de la mujer y la paternidad de los hijos, ésta es entregada al poder paterno.

Antes de llegar la familia monogámica habían surgido la poligamia y la poliandría, estas dos formas sólo pueden ser excepciones. La poligamia era un privilegio de los hombres ricos y grandes, donde las mujeres son reclutadas por la compra de esclavas.

Otro ejemplo de estas dos formas es el matrimonio en club, en donde los hombres viven en poligamia y las mujeres en poliandría. Así tenemos que un grupo de tres o cuatro hombres tienen una mujer común, pero cada uno de ellos podía tener en unión con otros una segunda, una tercera mujer.

4)   La Familia Monogámica

Su origen surge a partir de la familia sindiásmica. Ésta fue fundada a partir del predominio del hombre, su finalidad era el de procrear hijos en los que su paternidad no fuera dudosa, ya que los hijos serían herederos de la propiedad privada. La familia monogámica tiene una solidez mucho mayor ya que los lazos conyugales sólo pueden ser disueltos por el hombre y repudiar a su mujer. Así también, se otorga al hombre el derecho de infidelidad sancionado sólo por costumbre, y este derecho se ejerce mayormente a medida que progresa la evolución social. La mujer era castigada brutalmente y de manera mucho peor que en ningún otro estadio. A la esposa se le exige que sea tolerante de todo y que guarde una castidad y fidelidad rigurosa.

La monogamia jamás fue fruto del amor sexual individual, más bien, su origen no se basaba en condiciones naturales como el resto de las familias, sino que, se basaba en condiciones económicas y en el triunfo de la propiedad privada sobre la propiedad común primitiva.

Esta familia monogámica fue un gran avance social y aunada a la esclavitud y las riquezas privadas, la época que dura hasta la actualidad.

La evolución social de la familia y la desaparición de la familia punalúa y sindiásmica trae consigo una nueva forma de heterismo. Morgan (citado por Engels, 1891:37) explica por heterismo a todo aquel comercio sexual extraconyugal, que existe junto a la monogamia, el cual crece junto a las formas diversas del periodo de civilización y se transforma cada vez más en prostitución. Así pues, el legado del matrimonio por grupos son el heterismo y el surgimiento de la prostitución profesional de mujeres libres y la entrega involuntaria de las esclavas. Así aparece la monogamia y junto a ella el heterismo con su forma extrema, la prostitución.

La monogamia también encuentra otra contradicción, junto al marido se encuentra la mujer abandonada. Con la práctica de la monogamia aparecen dos figuras sociales antes desconocidas: el amante de la mujer y el marido cornudo.

"El adulterio, prohibido y castigado rigurosamente, pero indestructible, llegó a ser una institución social irremediable, junto a la monogamia y al heterismo". Engels (1891: 38).

La nueva monogamia de Roma cubrió la supremacía masculina sutilmente y a las mujeres les concedió un lugar más libre y considerado. Gracias a ésto, surgió el amor sexual individual moderno.

En la monogamia se logró desarrollar el amor sexual moderno, sin embargo, ésto no significaba que la pareja sintiera amor mutuo, el matrimonio siguió siendo un trato cerrado entre los padres.

Dentro de la burguesía, en países católicos, ahora y antes, el matrimonio sigue siendo acordado por los padres, quienes ordenan al joven burgués con quien debe contraer matrimonio.

En cambio, en los países protestantes, se les concede a los jóvenes burgueses cierta libertad para elegir esposa de su misma clase, por ello, la suposición de que el matrimonio se funda en el amor.

A estos dos casos de matrimonio, Marx y Engels, los consideran como "la más vil de las prostituciones", en donde la mujer vende su cuerpo una sola vez y para siempre.

Sin embargo, esta clase de matrimonio no existe entre las clases proletariadas, ya que los fundamentos clásicos de la monogamia clásica son los bienes de producción que heredar, y el joven proletariado no cuenta con éstos, y ahora especialmente que las mujeres han entrado en el campo laboral, la supremacía del hombre en el hogar proletario han quedado completamente desprovistos, convirtiendo a la mujer en el sostén de la familia. Pero desde el establecimiento de la monogamia, muchas mujeres sufren de la brutalidad de los hombres aún en esta clase.

"El matrimonio proletario es monógamo en el sentido etimológico de la palabra, pero de ningún modo lo es en su sentido histórico ". Engels (1891: 42).

En la familia individual monogámica, el hombre es representado como burgués y la mujer como proletario. En donde la mujer se convirtió en la criada principal ya que no participa en la producción social, como en estadios anteriores. Sin embargo, a la mujer de clase proletaria se le han abierto las puertas en la industria y con ello, tiene una participación efectiva en la producción social. Las mujeres quedan en una situación difícil, ya que al participar en el campo laboral deja sus tareas domésticas, y si se dedica solamente a ellas, no participa en la producción social y no puede ganar nada.

Marx y Engels consideran que la verdadera monogamia se realizará plenamente en el momento en que los bienes de producción privados se conviertan en bienes de producción social. Así la monogamia llegará a ser una realidad incluso para los hombres. De esta manera, las posiciones, tanto de hombres como de mujeres sufrirán profundos cambios y la familia individual dejará de ser la unidad económica de la sociedad.

2.1.6 La Familia en la América Precolombina.

Los Mayas, Aztecas e Incas formaban la clase dirigente, cada una se caracterizaba de manera distinta:

Familia Maya. Existía una gran libertad sexual para los jóvenes. La llegada al matrimonio deba por terminado la libertad sexual. La familia de la mujer recibía un dote de la familia del hombre. Si éste no tenía bienes resta sus servicios de los padres de la mujer por algunos años. Guerrero M., et al (2004:76) (6)

Durante la infancia, a los niños se les colocaba dos tablas planas en la cabeza, una detrás y otra delante, esto era con la intención de que después de usarlas varios años al retirarla de la cabeza, ésta quedaba deformada de manera plana. La educación de los hijos era una tarea que se desarrollaba en el seno de la familia hasta que tuvieran la edad suficiente y la capacidad para trabajar en la agricultura, que era la principal ocupación de la familia maya.

Los mayas iniciaban un día normal a partir de las cuatro de la mañana. La familia entera se trasladaba al campo y todos los integrantes realizaban su primera actividad, tala de árboles con bat (hacha de piedra). Los troncos que se obtenían con la tala de árboles eran arrastrados con lianas y eran utilizados para construir una cerca que evitara que venados, tapires y otros animales comieran sus sembradíos.

Mientras un grupo se encargaba de esta tarea, otro se encargaba de voltear el suelo y de ararlo, ésto lo hacían con una herramienta conformada por una vara gruesa endurecida al fuego. Al terminar estas dos actividades, se reunía toda la población para sembrar el maíz de todos.

Cuando el maíz se encontraba a la altura de la rodilla, comenzaba la siembra del frijol, éste era sembrado cerca de cada caña de maíz para enriquecer el suelo. Durante toda la jornada de trabajo, al participar toda la familia, hombres, mujeres y jóvenes, los niños pequeños eran depositados y amarrados a sus cunas que se ubicaban bajo la sombra de árboles.

La jornada de trabajo terminaba alrededor de las siete de la tarde. Las familias enteras regresaban a sus hogares con cargas de hasta 40 kilogramos y los jóvenes hasta con 12 kilogramos de su recolección. Al encontrarse en su hogar, los hombres comían primero a solas, le seguían la mujer y los hijos. La dieta alimenticia de los mayas se basaba en frijoles negros y tortillas de maíz. La familia maya dormía aproximadamente a las ocho de la noche todos en una sola habitación.

Alrededor de los 20 años, los hombres podían contraer matrimonio y las mujeres alrededor de los 17 años. La casa en que viviría la joven pareja era construida de palos y barro con una techumbre de hojas de palmas, la construcción se encontraba colocada sobre una plataforma rectangular de 20 metros cuadrados aproximadamente que permitía un buen drenaje y ventilación. En estos hogares vivían hasta seis personas. Estas casas se ubicaban alrededor de las plazas ceremoniales en donde se albergaban hasta más de 50 mil habitantes.

Familia Azteca. La sociedad Azteca se encontraba dividida en estratos sociales, el grupo superior ó el de mayor jerarquía estaba compuesto por jefes, guerreros y comerciantes, éstos tenían derecho a practicar la poligamia. A diferencia de la clase agricultora, que en cuanto a lo matrimonial se tenían que apegar a la monogamia (Guerrero M., et al. 2004:77).

La educación se impartía a los hombres según la clase social a la que se pertenecía. En cuanto a las niñas, éstas eran educadas por sus madres en las labores del hogar y la religión. A las mujeres aztecas se les instruía para ser discretas y recatadas en sus modales y en el vestir, se les educaba para realizar todas las modalidades del quehacer doméstico, dentro de los cuales incluían moler, preparar alimentos, descarozar algodón, hilar, tejer y confeccionar la ropa de su familia.

A los hombres se les educaba de manera muy distinta a las mujeres, a ellos se les inculcaba la vocación guerrera, desde niños se pretendía que fueran fuertes, por lo que se les bañaba con agua fría, se les abrigaba con ropa ligera y dormían en el suelo. Se ponía especial atención en fortalecer el carácter de los niños mediante castigos duros y severos y se fomentaban los valores primordiales, que eran el amor a la verdad, la justicia y el deber, el respeto a los padres y a los ancianos, rechazo a la mentira y al libertinaje, misericordia con los pobres y los desvalidos. A los jóvenes se les impartía una educación integral, se les enseñaba sobre música, bailes y cantos, así como religión, historia, matemáticas, interpretación de códices, artes marciales, escritura, conocimiento del calendario, etcétera. Los mexicas tenían una cultura patriarcal, la mujer debía ser dócil, los hombres podrían tener varias mujeres pero a todas les tenía que dar sustento y atención, sin embargo existía sólo una esposa legítima y el resto eran concubinas oficiales, a quienes se les trataba con respeto al igual que la esposa.

La sociedad azteca era compuesta por diferentes grupos, estos eran "la familia, el clan totémico llamado calpulli, la Hermandad formada por calpullis y el Barrio formado por las hermandades" (Guerrero M., et al. 2004:78). La ciudad Azteca, Tenochtitlán, estaba formada por cuatro barrios. A su vez, se distribuía en diferentes estratos: la clase alta estaba conformada por los sumos sacerdotes y altos jefes militares; la clase media integrada por artesanos y comerciantes; y la clase baja estaba compuesta por campesinos y pescadores; por último, se encontraban los esclavos y prisioneros de guerra que no constituían clase alguna.

La familia Azteca se iniciaba en el matrimonio, en donde un hombre podía acceder a una esposa legítima (Cihuatlantli) y a quien se le realiza el rito ceremonial del matrimonio; el varón podía tener varias concubinas, siempre y cuando les diera sustento, con ellas el rito matrimonial no se realizaba. Los jefes ó los señores de la clase alta podían tener un número significativo de concubinas, se cree que Moctezuma II llegó a tener hasta 150 concubinas, así también, los hombres de la clase alta podían tener un buen número de mujeres, el problema era para los agricultores y pescadores, quienes difícilmente podían encontrar una esposa. La edad que se acostumbraba para contraer matrimonio era entre los 20 y 22 años.

Para que un varón pudiera contraer matrimonio, éste necesitaba de la autorización de sus maestros del Calmecac o del Telpochcalli, este permiso se realizaba cuando los padres del joven ofrecían un banquete que dependía de los recursos económicos de su clase. Después de este ritual, los padres del varón se dirigían a los padres de la joven a través de unas ancianas, quienes llevaban la petición. En esta costumbre era usual que las ancianas llevaran la petición dos veces, en la primera, los padres de la novia se negaban y en la segunda se aceptaba ó definitivamente se daba la negativa formal.

En la clase baja se utilizaba con frecuencia la unión libre y al obtener, posteriormente, los recursos necesarios, la ceremonia se llevaba a cabo.

<u>Familia Inca.</u> La sociedad Inca se encontraba bajo explotación en servicios de carácter gratuito. A los hombres se les enviaba a trabajar lejos del hogar y a las mujeres se les integraba al servicio de la clase superior. Se encontraban funcionarios que elegían a las jóvenes más graciosas cada determinado tiempo, a éstas se les alejaba de su familia y eran educadas en

escuelas para convertirlas en concubinas de hombres de la clase alta o en sacerdotizas. Al igual que en la sociedad azteca, lo poligamia era autorizada sólo para la clase alta, mientras que la monogamia era obligatoria para la clase baja.

El emperador Inca era el "jefe supremo, infalible, todopoderoso, sagrado", era el Señor de todas las tierras imperiales que se dividían en cuatro regiones o suyos, asi también era Señor absoluto de sus habitantes. Su sucesión era hereditaria, incluso se le casaba con su hermana (Coya) para no perder la sangre real. El emperador Inca tenía poder absoluto y controlaba el imperio con ayuda de la burocracia. El emperador tenía varias esposas que podían tener sangre real ó no.

Los militares eran distinguidos gracias a su vestuario, el cual dependía del rango en que se encontraran. La organización social del pueblo inca era clánica o nombrada también Hatuuruna.

El ayllu era la unidad básica de la organización del pueblo Inca. Consistía en una agrupación económica, que tenía por objetivo el control colectivo de tierra y trabajo, el ayllu era formado por un grupo de parentesco patrilineal, ésta descendencia trataba a su antepasado como un hombre místico ó hasta como un dios.

La clase baja la conformaban los agricultores; la clase media por pequeños funcionarios y artesanos, mientras que la clase alta estaba compuesta por altos militares y altos funcionarios, por supuesto, el Emperador era único en su clase.

Los pequeños funcionarios y artesanos llamaban a la clase que pertenecían como ayllus. Cada ayllus tenía un territorio en común que era trabajado por todos y con ésto debían pagar tributo.

Cada ayllu estaba compuesto por diferentes familias, cada una de éstas recibían nombres según el número que formaban, de acuerdo al sistema decimal. De esta manera diez familias componían una chunca, a la vez diez chuncas componían una pachaca, diez pachacas componían una huranca y diez hurancas formaban un hunu.

Cada habitante debía trabajar las tierras del emperador Inca, la propiedad privada no existía, así cada ayllu tenía su territorio (tupo), que se repartía entre las familias. Las cosechas eran llevadas a los graneros y ahí los funcionarios las repartían y dejaban una reserva.

2.1.7 La Familia en la Conquista de México.

Después de la época prehispánica, con la llegada de los españoles a México, la familia azteca fue destruida totalmente debido a dos causas, las enfermedades que trajeron consigo los extranjeros y la violencia que ejercieron durante la conquista. (Guerrero M., et al. 2004:80).

Surgió un nuevo sistema social jerarquizado que dependiendo del color de piel, nombre y rango se determinaba su posición social. A partir de este momento aparecieron nuevos grupos sociales: españoles peninsulares, criollos, mestizos e indios. Y cada grupo tenía delimitado el papel que debían desempeñar.

Los criollos eran hijos de padre y madre españoles pero nacidos en la Nueva España. Durante la conquista española el mestizaje surgió, hombres españoles se unieron a mujeres indígenas de la clase alta, ésto se hizo como un sistema de dominación. Los hijos que nacieron de estas uniones eran parte del ámbito del padre gracias a la "compra de su blancura".

Las mujeres se encontraban condicionadas al estrato social al que pertenecían, sin embargo, todas las mujeres, ya fueran españolas peninsulares, criollas, mestizas e indias estaban subordinadas al hombre.

Una nueva sociedad surgió y no solamente de forma social, sino también genética, la mezcla de españoles e indígenas; esta combinación de genes dió como resultado una evolución, hombres y mujeres con superioridad adaptativa. El nuevo mestizo tiene mayor resistencia a las enfermedades del nuevo mundo, además de tener una mejor digestión y asimilación de los alimentos nativos (maíz, frijol, chile, calabaza, etcétera.). Así como también, los hijos de indios y españoles, mestizos, superaban en fecundidad y supervivencia.

2.1.8 La Familia Mexicana en la Colonia.

Durante la colonia, la unidad básica de organización social era la familia en todos los grupos sociales, tanto españoles, criollos, mestizos e indios. Los lazos conyugales eran para toda la vida, estos no podían romperse ni por el hombre ni por la mujer, sin embargo, el hombre si podía repudiar a su mujer y ejercer infidelidad sancionada, en cambio, si la mujer era infiel ésta era castigada brutalmente. (Guerrero M., et al. 2004:83).

La sociedad era totalmente patriarcal, la nueva sociedad otorgaba privilegios a los hombres. La mujer española era tratada como menor de edad, dependía de su marido y las decisiones las tomaba él.

Las mujeres criollas tenían derecho a recibir educación, pero su tarea era ser la mujer encargada del hogar, además de concebir hijos. El matrimonio era considerado como el lugar apropiado para la mujer y la maternidad era su vocación.

Así como la mujer española, el indígena también era tratado como menor, además de esclavo, ya que se encontraba bajo la protección del cristianismo. En el discurso, hombres y mujeres indígenas eran tratados por igual, pero en hechos, la mujer se encontraba oprimida tanto por su clase, raza y sexo.

Muchas mujeres indias se les tomaba como concubinas de españoles, quienes las trataban como animales y sus hijos pasaban a ser ciervos de la casa grande, por esta razón, se concebía a los mestizos como ilegítimos.

Las mujeres de la clase baja cumplían labores como la elaboración de textiles, cerámica y actividades del campo. Las mujeres que vivían en zonas urbanas vendían en el mercado diferentes mercancías; hacían trabajos de servidumbre ó servicios sociales como surtir agua.

El papel de las mujeres mestizas era determinado por la región y el lugar en que se encontraba su familia en el ámbito de la producción. Tenía tareas como vender alimentos, cubrir a las criadas de casas grandes, y en el campo, realizaba labores domésticas y agrarias.

En la Colonia, también vivieron negras y negros que se trajeron como esclavos del Viejo Mundo, a éstos se les consideraba aún en un rango menor que al indio, su estatus de esclavos era transmitido por vía materna y se les ocupaba en los trabajos más duros y peligrosos.

2.2. MARCO TEÓRICO

En el marco teórico se abordarán los temas de psicología de la familia, las fases del ciclo vital de la familia, tipos de familia, modelos de familia y modelos familiares y su influencia en el actuar de los alumnos de Preescolar.

2.2.1 Psicología de la Familia.

En este tema se abordarán los siguientes contenidos: La familia, adaptación de la familia, fases del ciclo vital de la familia, tipos de la familia, modelos familiares, la aplicación del psicoanálisis al sistema familiar,

La Familia.

A lo largo de la historia el hombre ha sobrevivido gracias a los grupos sociales, un niño al nacer necesita de la protección de los adultos para sobrevivir. El grupo familiar cumple dos funciones principales: 1) protección psicosocial de los miembros y 2) la acomodación y transmisión de la cultura. La familia ha sufrido transformaciones así como la sociedad lo ha hecho. Especialmente, en el mundo occidental la sociedad se encuentra en transición y la familia debe adaptarse a estos cambios sociales (Minuchin, S. 1979:78) (7).

Sentido de identidad. "La familia es la matriz de la identidad" como Minuchin, S. (1979: 80) considera. "Las familias moldean y programan la conducta del niño y el sentido de la identidad". La familia construye el sentido de identidad de cada uno de sus miembros, que se ve influido por un sentido de pertenencia a una familia.

Al mismo tiempo, la familia debe acomodarse a la sociedad. Los cambios que ocurren en la sociedad se orientan desde la sociedad hacia la familia y nunca de la familia a la sociedad.

Estructura Familiar. "La estructura familiar es el conjunto invisible de demandas funcionales que organizan los modos en que interactúan los miembros de una familia". (Minuchin, S. 1979:86).

La familia opera gracias a las pautas transaccionales que se establecen, estas transacciones se repiten y se repiten, por lo que determinan de qué manera, cuándo y cómo relacionarse.

"Las pautas transaccionales regulan la conducta de los miembros de la familia". (Minuchin, S. 1979:86). Éstas son sostenidas por dos sistemas de coacción. 1) es genérico e implica las reglas universales de la organización familiar (jerarquía de poder, complementariedad de las funciones); 2) es idiosincrático e implica las expectativas mutuas de los miembros de la familia (negociaciones implícitas y explícitas).

La estructura de cada familia debe tener la capacidad de adaptarse a las circunstancias cambiantes tanto internas como externas. La continuidad de la familia depende de una gran variedad de pautas, la disponibilidad de pautas transaccionales alternativas y la flexibilidad para movilizarlas.

"El sistema familiar se diferencia y desempeña sus funciones a través de sus subsistemas" (Minuchin, S. 1979:87), un subsistema es compuesto por uno o varios miembros de la familia, éste es definido por generación, sexo, interés o función. Las diadas, subsistema compuesto por dos miembros, pueden ser, marido-mujer, hermano-hermana, madre-hijo.

Cada persona pertenece a diferentes subsistemas en los que tiene diferentes niveles de poder y habilidades diferenciadas, por ejemplo, una mujer puede ser madre, esposa, tía, hermana, hija, sobrina, etcétera.

"Los límites de un subsistema están constituidos por las reglas que definen quiénes participan, y de qué manera. Los límites tienen como función proteger la diferenciación del sistema familiar". (Minuchin, S. 1979:88). Por lo que, los subsistemas y límites otorgan funciones específicas a cada miembro. Los límites de una familia constituyen un parámetro útil para la evaluación del funcionamiento de la familia, éstos pueden ser límites difusos o sumamente rígidos.

Existen familias desligadas, son las que tienen límites muy rígidos; familias con límites claros, son las que poseen un espectro normal y; las familias aglutinadas, que son las que tienen límites muy difusos. "La familia aglutinada responde a toda variación en relación con lo habitual con una excesiva rapidez e intensidad. La familia aglutinada tiende a no responder cuando es necesario hacerlo". (Minuchin, S. 1979:92)

El subsistema conyugal "se constituye cuando dos adultos de sexo diferente se unen con la intención expresa de constituir una familia". (Minuchin, S. 1979:92). Este subsistema tiene funciones específicas que son vitales para el funcionamiento de la familia. Las cualidades más importantes que debe tener este subsistema son la complementariedad y la acomodación mutua. El subsistema conyugal puede ser un refugio ante el stress externo, así también puede ser matriz para el acercamiento a otros sistemas sociales, puede ser capaz de motivar el aprendizaje, la creatividad y el crecimiento. Así como el subsistema conyugal puede ser muy positivo también puede motivar los rasgos negativos.

Este subsistema debe crear un límite en el que sea protegido por los demás subsistemas como por ejemplo, el de los hijos. El subsistema conyugal debe ser un apoyo, debe proporcionar un descanso y refugio, así como un sostén emocional. Si los límites no son bien definidos por este subsistema, éste puede ser agobiado por hijos, padres, hermanos, etcétera.

El Subsistema Parental. Aparece en el momento del nacimiento del primer hijo. "En una familia intacta el subsistema conyugal debe diferenciarse entonces para desempeñar las tareas de socializar un hijo sin renunciar al mutuo apoyo que caracteriza al subsistema conyugal". (Minuchin, S. 1979:94). En este punto es preciso establecer un límite en el que el niño acceda al subsistema parental mas no en el conyugal.

Las funciones y demandas del subsistema parental dependerán de la orientación, del crecimiento y autonomía del niño. La paternidad requiere de la capacidad para alimentar, guiar y controlar. Estos elementos dependen de las necesidades del desarrollo de los hijos y de las capacidades de los padres.

El Subsistema Fraterno. Éste se basa en las relaciones de los niños con sus iguales, es el "primer laboratorio social en que los niños pueden experimentar relaciones con sus iguales" (Minuchin, S. 1979:97). En el grupo fraternal los niños ponen en práctica acciones como negociar, cooperar competir, hacer amistades y aliados, muestran sus habilidades. La fraternidad protege a los pequeños de la interferencia adulta, para ejercer privacidad, para tener áreas de interés comunes y poder cometer errores. Su desarrollo en el subsistema fraterno ayudará para entablar relaciones sociales en las etapas posteriores de su vida.

Adaptación Familiar

Un sistema familiar se encuentra constantemente sujeto a cambios causados tanto por razones internas como externas, lo que hace necesaria una adaptación frecuente para conservar la continuidad de la familia. Los cambios internos se deben a la evolución de los miembros y subsistemas del grupo. Los cambios externos son causados para acomodarse a las instituciones sociales que influyen sobre la familia. Minuchin, S. (1979:98)

Los momentos transicionales o de cambio de un sistema familiar pueden llegar a ser una razón de tensión, así como los problemas de idiosincrasia.

El stress al que se enfrente un grupo familiar puede originarse en cuatro fuentes, según Minuchin S. (1971:99), ya sea por el contacto de un miembro o de la familia entera con fuerzas extrafamiliares.

Contacto Stressante de un Miembro con Fuerzas Extrafamiliares. Una de las funciones de la familia es brindar apoyo a los miembros de ésta, y cuando uno de ellos se encuentra bajo stress, el resto de los miembros tienen la necesidad de acomodarse a las nuevas circunstancias, ésta acomodación puede darse en un solo subsistema o en toda la familia. Por ejemplo, Cuando el esposo tiene problemas en su trabajo, al estar con su esposa la crítica, y ésta tiene una disputa con él, pero al concluir la pelea el apoyo mutuo surge.

Contacto Stressante de la Familia en su Totalidad con Fuerzas Extraordinarias. Un grupo familiar puede encontrarse bajo stress debido a los efectos de una depresión económica. El stress también puede surgir a cause de un cambio de domicilio motivado en una mudanza ó un traslado a otra ciudad. Los recursos familiares se encuentran amenazados por la pobreza y la discriminación.

Stress en los Momentos Transicionales de la Familia. El sistema familiar atraviesa por varias fases en su evolución, por lo que cambios en las reglas y el surgimiento de nuevas se hacen factibles. En el proceso de transición aparecen conflictos que serán resueltos por negociaciones, si éstos no llegan a una solución se pueden convertir en problemas mayores. Estos cambios pueden producirse por la evolución de los miembros de la familia ó por cambios de la composición familiar.

Stress Referentes a Problemas de Transición. En este punto, se debe tomar en cuenta todas las circunstancias que una familia presenta y tener presente la posibilidad de que áreas determinadas de la familia den lugar a pautas transaccionales disfuncionales, por ejemplo, una familia con un hijo con problemas de retraso pudo haberse adaptado y haber tomado las medidas necesarias para tratar al niño cuando era pequeño, pero a medida que crece, éste debe enfrentar la disparidad de desarrollo entre él y sus compañeros

Componentes del Esquema Familiar

Si se concibe a la familia como un "sistema que opera dentro de contextos sociales específicos tiene tres componentes". (Minuchin, 1979)

1) La estructura de una familia es la de un sistema sociocultural abierto en proceso de transformación.
2) La familia muestra un desarrollo desplazándose a través de un cierto número de etapas que exigen una reestructuración.
3) La familia se adapta a los cambios de modo tal que se mantiene en continuidad y fomenta el crecimiento psicosocial de cada miembro.

2.2.2 Fases del Ciclo Vital de la Familia

El sistema familiar atraviesa por varias fases durante su ciclo vital, según Estrada L. (1997:41) (8) éstas son:

1) Desprendimiento.
2) Encuentro.
3) Los hijos.
4) La adolescencia.
5) El reencuentro.
6) Soledad y Muerte.

1.-Desprendimiento. Esta fase se atraviesa comúnmente en la adolescencia, el desprendimiento ocurre cuando los hijos tienen que dejar a su familia de origen para comenzar una nueva etapa en su vida, ya sea por causas de estudio, de trabajo o de matrimonio. Este momento de transición es doloroso tanto para los padres como para el hijo, quien tendrá que enfrentar el mundo por su cuenta. Usualmente los padres tratan de evadir el desprendimiento, "jalarán al joven para que no se suelte de los lazos paternos, y él tenderá a liberar se de mil formas…" (Estrada L. 1997:41)

2.-El Encuentro. Comúnmente, después del desprendimiento viene la fase del encuentro. Éste se refiere al encuentro con el cónyuge, cuando una pareja contrae matrimonio, llega el inevitable momento de convivir como esposa y esposo, conociendo aspectos de la pareja que anteriormente se desconocía. Estos aspectos desconocidos traen sorpresas a la pareja y la idea que se tenía del cónyuge cambia, por esta razón en algunas ocasiones aparece desilusión, resentimiento, enojo ó la sensación de haber sido engañado.

Cada uno tiene una idea de la relación matrimonial diferente, ya que cada uno se basa en sus vivencias y experiencias que sus padres les han ofrecido, cada cónyuge intenta aplicar estas mismas reglas y convivencia, lo cual no funcionará con el otro. En el encuentro se lleva a cabo el "contrato matrimonial" como Estrada L. (1997 Pág. 70) se refiere a "todos aquellos conceptos individuales de naturaleza consciente o inconsciente que pueden ser expresados verbalmente o en alguna otra forma. Dichos conceptos tienen como tema principal lo que cada uno piensa acerca de su obligaciones y deberes dentro del matrimonio, así como los bienes y beneficios que espera recibir del mismo". El contrato matrimonial se basa en los aspectos recíprocos acerca de lo que cada cónyuge piensa dar o lo que espera recibir del otro.

3.-Los Hijos. Cuando la pareja se ha estabilizado, cuando ya se conocen en muchos aspectos y el rol de cada uno se ha asentado, la fase que sigue es la de los hijos, ésto no es la regla, muchas parejas atraviesan por la etapa del encuentro y la de los hijos al mismo tiempo, lo cual lo hace un poco más complicado. "La llegada de un niño requiere de un espacio físico y emocional." (Estrada L., 1997:96). Cuando los hijos aparecen en el matrimonio conlleva cambios en la vida de la pareja, por lo que se ven en la necesidad de reajustar su interacción, su convivencia, sus hábitos, costumbres, intereses, metas, etcétera.

4.-La adolescencia. En el ciclo de la adolescencia se presenta una crisis a la que Estrada L. (1997:111) la considera como el evento que "más pone a prueba la flexibilidad del sistema". En esta etapa interactúan varios factores:

a) En esta edad se presentan con mayor frecuencia los problemas emocionales.
b) Los padres se ven obligados nuevamente a revivir su propia adolescencia
c) La edad de los abuelos suele ser crítica.

Los padres tienden a regresar a etapas anteriores de su desarrollo, por ejemplo, al sobreproteger a un hijo adolescente se le impide crecer y madurar con el objetivo de que ellos continúen en su etapa anterior o su propia adolescencia y no pasar a las siguientes etapas de madurez y adultez.

La familia debe tomar en cuenta que es de suma importancia que el adolescente logre madurez en su desarrollo, al igual que sus padres, para llegar al desprendimiento y los jóvenes puedan formar nuevas familias.

5.-El reencuentro. A esta fase también se le denomina como la del "nido vacío" debido al sentimiento de un hogar vacío que se ha quedado sin los hijos. Estos últimos ya se han ido a formar otras familias lo que conduce a nuevos cambios en la relación de la pareja que se encuentra alrededor de los 50 años de edad.

La pareja se enfrenta ante la aceptación de los cambios de "una biología que tiende a declinar". (Estrada L., 1997:133). Así también debe enfrentar los cambios sociales y familiares. Un ejemplo usual de estos cambios es el crear un espacio emocional y algunas veces físico para los hijos que van formando nuevas familias con nietos. La aceptación de los nietos no es un aspecto fácil en este proceso ya que reaparecen conflictos con matices edípicos o rechazo hacia los nietos. Además del espacio emocional hacia los mismos, los abuelos deben aceptar su rol como abuelos, lo que requiere maduración adecuada de algunos puntos narcisistas, como la aceptación de la vejez, a la muerte de las generaciones anteriores, los problemas de la jubilación.

Se hace preciso que la pareja busque nuevos caminos, independizarse de los hijos y nietos para retomar la vida de pareja.

6.-La vejez. Esta fase está llena de complejidades, misterios y amenazas. Los jóvenes no logran entender ni percibir el fenómeno de la vejez y sus complicaciones. Se tiende a ignorar, negar y perder la paciencia con los viejos. Por lo que la vejez no es fácil enfrentarla, ni su etapa decisiva, ni su inevitable fin. Pero hay que recordar que los viejos se encuentran vivos, igual se alegra y entristece como cualquier persona. Se debe tomar en cuenta la valiosa presencia de los viejos en las familias, "una familia sin viejos es una familia sin complemento histórico, una familia mutilada". (Estrada L., 1997:143). Dos de los problemas principales que se presentan durante la vejez son: El del esposo ya jubilado que regresa a su casa para siempre e invade los territorios de su esposa. La otra problemática es la sobreprotección de los hijos hacia los padres, quienes no les permiten vivir con libertad, sintiéndose aprisionados y depresivos. En la vejez se requiere tener "habilidad suficiente para aceptar realistamente las propias capacidades así como las limitaciones" (Estrada L. 1997:145), además de poder cambiar el rol y aceptar la dependencia cuando sea necesario. Es importante que los hijos retiren del pensamiento la senilidad, inutilidad, estorbo ó carga para entender y ayudar a los viejos.

2.2.3 Tipos de Familias

De acuerdo a Fishman y Minuchin (1979:65) (9) las configuraciones de familias más comunes son:

Familias de Pas de Deux. Se componen de dos personas solamente; esta pareja se encuentra muy apegada el uno al otro. Tienen una vinculación muy intensa que permite la mutua dependencia casi simbiótica y el resentimiento recíproco. Por ejemplo, una madre soltera e hijo, o la pareja de ancianos en la etapa del "nicho vacío".

- Familias de Tres Generaciones. Se trata de la familia extensa con varias generaciones que viven y se encuentran íntimamente relacionados. Quizá, ésta es la familia más común en el mundo. La podemos encontrar como una característica de la clase media baja y grupos socioeconómicos inferiores. Las tareas familiares se pueden realizar con flexibilidad inherente y pericia. Esta configuración de familia requiere de un contexto en que la familia y el medio extra familiar estén en armoniosa continuidad.

- Familias con Soporte. Esta configuración es común en una familia con muchos hijos, por lo que a uno de ellos ó a varios de los hijos mayores se les delegan responsabilidades de los padres. Los niños parentales toman funciones de crianza de sus hermanos menores. Esta organización puede ser funcional, siempre y cuando las responsabilidades del niño parental sean definidas con claridad u no sobrepasen su capacidad. Estos niños mayores suelen sentirse excluidos de su hermandad y no aceptados completamente en el subsistema parental.

- Familias Acordeón. Las familias acordeón son las que uno de los padres permanece alejado de la familia por lapsos prolongados. Cuando uno de los padres se aleja por mucho tiempo, por causas de trabajo por ejemplo, el que se encuentra en el hogar y a cargo de los hijos, se ve en la necesidad de adquirir las funciones de la pareja, por lo que las funciones parentales se concentran en una sola persona durante el periodo de ausencia del cónyuge. Los hijos suelen promover la separación de los padres mediante los roles de el padre "abandonador" y la madre "buena".

- Familias Cambiantes. Estas familias son las que cambian constantemente de domicilio ó que el padre ó madre soltero (a) tiene muchas amantes, que son madre ó padre en potencia.

- Familias Huéspedes. Son las que proporcionan un hogar a un niño huésped, quien como su nombre dice, sólo será parte de ella por un tiempo. Se debe tomar en cuenta que la familia huésped no se debe apegar mucho a este infante y mucho menos una relación padre-hijo. El problema más común en esta configuración es que la familia se organiza como si el niño huésped no lo fuera y éste es incorporado al sistema familiar, por lo que cuando llega la hora de dejar a la familia, es muy difícil para ambos hacerlo.

- Familias con Padrastro o Madrastra. En un nuevo matrimonio de padre divorciado o viudo, un padre adoptivo se agrega a la organización familiar. Éste nuevo cónyuge atraviesa por un proceso de integración a la familia, pero se pueden encontrar dos situaciones, que el padrastro ó madrastra no se entregue por completo a la familia ó que la familia lo mantenga en una posición periférica. Regularmente los hijos incrementan las demandas del padre natural y a éste se le plantea la división de lealtades.

- Familias con un fantasma. Estas familias se asientan cuando uno de sus miembros muere y sus tareas se reasignan a otro miembro. Se le recordará continuamente suponiendo que si este miembro aún viviera sabría qué hacer en ciertas situaciones.

- Familias descontroladas. Son las familias en que uno o más miembros presentan síntomas en el área del control. Se puede suponer que se debe a varios campos como: la organización jerárquica de la familia, la ejecución de las funciones parentales y la proximidad entre miembros de la familia.

- Familias psicosomáticas. Esta configuración aparece cuando uno de sus miembros tiene algún problema psicosomático o de salud. La dinámica familiar se estructura para brindar cuidados tiernos a este miembro. Los padres son sobreprotectores además de presentar una fusión o unión excesiva entre los miembros, tienen la enorme preocupación de mantener la paz y la incapacidad de resolver problemas.

2.2.4 Modelos Familiares

Los modelos familiares que Nardone G. (2003:53) (10) nos presenta son:

- Hiperprotector
- Democrático-permisivo
- Sacrificante
- Intermitente
- Delegante
- Autoritario

Para el presente estudio, éstos son los modelos familiares que definirán la interacción familiar de las familias del 2°C del Jardín de Niños "María Lavalle Urbina", Ciclo Escolar 2007-2008:

Modelo Hiperprotector. Se trata de "una familia cada vez más pequeña, cerrada y protectora, en la cual los adultos sustituyen continuamente a los jóvenes, hacen su vida más fácil, intentan eliminar todas las dificultades, hasta intervenir directamente haciendo las cosas en su lugar". Nardone (2003:54).

Algunos estudios han demostrado que muchos de los adolescentes "problemáticos" en la escuela ó en el hogar regularmente pertenecen a una interacción familiar hiperprotectora.

Comunicación Familiar del Modelo Hiperprotector. Las palabras y gestos parentales subrayan dulzura, cariño, calor, protección y amor. A la mínima dificultad del hijo los padres tienen una intervención inmediata. Los objetivos de la comunicación son la salud física, alimentación, aspecto físico, éxito o fracaso escolar, la socialización y el deporte. Suelen hacerse cuestionamientos a los hijos acerca de a dónde van, a qué y con quién con el propósito de anticipar y prevenir dificultades. Si el hijo trata de escapar del control de los padres, a éste se le reprocha con conductas no verbales como gestos, silencios y malas caras que lo harán sentir culpable.

Relaciones. Los padres se sitúan en una posición de superioridad y los hijos en una posición de inferioridad. Cuando el hijo trata de tomar la iniciativa éste es desalentado con un "dinos lo que te falta y nosotros te lo daremos".

Reglas.

1) La madre es la responsable designada culturalmente de la educación y comportamiento de los hijos, se mantiene preocupada por no poder ser una madre suficientemente buena.

2) Generalmente, el padre comparte la misma ideología que la madre, por lo que están de acuerdo en su misión como padres pero olvidan que son también una pareja. En otras ocasiones el padre solo se encuentra en una posición de observador que nadie escucha y es descalificado por la esposa por no intervenir en la interacción familiar.

3) Se hace hasta lo imposible porque los hijos se encuentren a la altura, o incluso más arriba, del status symbol que prevalece.

4) Los padres no suelen ser capaces de intervenir con correctivos autoritarios.

5) Las reglas impuestas en el hogar pueden ser flexibles cuando son muy frustrantes ó punitivas para los hijos.

6) Los hijos tienen la función principal de aceptar los privilegios de la situación sin ofrecer resistencia.

7) Quien se opone a los padres no es descalificado ó no disminuye el amor de los padres hacia él, sólo los hace sufrir.

Significados emergentes.
a) No se enfrentan las consecuencias.
b) Los padres y los abuelos intervienen para resolver los problemas.
c) Los premios y regalos sólo son por la existencia de los hijos, éstos les corresponden por derecho y no depende de lo que hagan ó de los resultados que se obtengan.

La presentación y desarrollo del hijo califica o descalifica a los padres. En esta familia las personas individuales no cuentan por sí mismos si no como parte de un todo que le trasciende: la familia.

La atención inmediata del hijo es representada como mensaje de amor "lo hago todo por ti, porque te quiero" o "yo lo hago todo por ti porque quizás tú sólo no podrías", esto, transmite al hijo una sensación de incapacidad. Usualmente los hijos de estas familias acaban por rendirse sin luchar y pierden el pleno control de su vida y se lo confían a los padres.

Consecuencias. La madre suele alimentar, vestir, le hace sus compras, está interesada por los estudios y consulta regularmente con los profesores, es partícipe de las reuniones de padres de familia, lee libros de educación, se ocupa de la salud de sus hijos y hace de taxista en las actividades extraescolares de los hijos.

El padre se conforma con la intervención de la madre ó se esfuma ó se vuelve permisivo ó amigo del hijo para no ser el menos querido.

El hijo es cada vez menos responsable de sus obligaciones. Pide la ayuda de sus padres para las tareas escolares y para resolver conflictos con sus compañeros de juego. Se rinde con la mínima dificultad. No sabe manejar las frustraciones y es agresivo cuando sus deseos no son satisfechos. Cada vez pretende menos de él.

Los hijos que tratan de evadir la sobreprotección de los padres son evasivos al responder a dónde van, con quién y a qué, dicen mentiras, no contestan llamadas de los padres, asumen actitudes y conductas que contrastan con el modelo familiar. Ésto causará que el control y protección de los padres aumente, los padres intentarán obtener información a través de los amigos, o espiándolo. Cuanto más quieran saber los padres, los hijos menos dirán y mientras más quieran eliminar libertad, los hijos más escaparán. Las capacidades y el talento son limitados y tienden a atrofiarse ya que no son puestos en práctica. Estos jóvenes no creen en ellos mismos ni en sus capacidades, por lo que no toman riesgos ni responsabilidades.

Las familias, generalmente acuden a los especialistas cuando los hijos presentan bajas en el aprovechamiento escolar ó su comportamiento tiende a la neurosis de ansiedad, depresiones, trastornos alimenticos, cuando son agresivos ó evasivos. A los psicólogos y especialistas les es difícil hacer entender a los padres que el amor excesivo es "la semilla de la patología de los hijos". (Nardone, 2003: 59)

Modelo Democrático-Permisivo. La característica principal de este modelo familiar es la ausencia de jerarquías, este hecho se impone desde la etapa del encuentro, durante el asentamiento del contrato, en donde se prevé gran libertad para los cónyuges, esta pareja suelen ser licenciados ó diplomados y ambos laboran. Suelen tener una familia de origen con esta misma ideología, sin embargo hay ocasiones que ésto se asienta como rebeldía a la familia de origen. Nardone (2003:70) nos señala las premisas de esta familia.

- Las decisiones de hacen por convencimiento y consenso.
- El consenso se hace a través del diálogo fundado en argumentos válidos y razonables.
- Las reglas se pactan.
- El contrato es el único enemigo de la prevaricación.
- La finalidad principal es la armonía y ausencia de conflictos.
- Todos los miembros de la familia tienen los mismos derechos.

"La relación de pareja tiende a una alternancia flexible de interacciones complementarias según los ámbitos de competencia y las situaciones" (Nardone, 2003:71). Cuando se presenta un conflicto se busca la paz desesperadamente, por lo que uno de los cónyuges, el que tiene menor habilidad de argumentación, presenta sumisión, pero éste es también el que menos tiende a la autoafirmación y quien no quiere la aparición de la agresividad. Por lo que en estas situaciones de conflicto, el cónyuge con menos argumentación se queda en una posición inconsciente de inferioridad.

En el momento en que los hijos llegan, éstos se vuelven los dominantes del hogar y los padres sólo sufren sus deseos y caprichos. Así, encontramos hijos tiranos y padres rehenes. Nardone (2003:71) nos señala una analogía, estas familias admiten a los hijos en el parlamento como si fuesen responsables y maduros.

Los hijos en el Parlamento. Esta familia trata de imponer la democracia, pero ésto conlleva que los hijos sean parte de la discusión ó en la elección autónoma en una edad temprana, los niños obtienen responsabilidades mayores para su edad.

Los tribunales no existen. En la democracia existen leyes y reglas establecidas que si no son seguidas se otorgan sanciones y penas. Sin embargo, el modelo familiar democrático-permisivo no considera las reglas impuestas con firmeza. Las reglas y sanciones sólo son explicadas con suavidad, por lo que los hijos las consideran más como consejos y advertencias, ya que éstas no tienen ningún efecto ó consecuencia. Ésto da como resultado que la familia democrática-permisiva presente una constante fluctuación y transformación de reglas.

La minoría siempre gana. Ya que el objetivo principal de esta familia es la armonía y la paz, evita los conflictos. Los miembros de ella tienen poca tolerancia a la discusión y a los conflictos. Cuando aparecen problemas en el aprovechamiento escolar la solución es el sometimiento de los padres para mantener la paz. Por lo que los hijos suelen concluir que "cuanto más prepotente soy, más consigo". Éstos buscarán héroes fuertes y sin miedo, que sean ejemplo a seguir y no el de los padres dóciles, en quienes no se puede confiar en momentos de necesidad.

Relaciones. No existen jerarquías ya que se pretende tomar las decisiones mediante el diálogo y acuerdos. En momentos necesarios de una intervención parental, los padres aguantan los reproches de los hijos hasta que se pierde la calma y evitan un conflicto permitiendo al hijo hacer lo que demanda. Los padres democrático-permisivos se comportan más como amigos que como "guías con autoridad" (Nardone, 2003:74).

La dinámica en cuanto a las tareas domésticas es repartir cada una de ellas entre los miembros, sin embargo, es tolerable que los hijos no los realicen, ni se castiga por ésto.

Reglas.
1) El bien supremo es la paz familiar.
2) Todos los miembros de la familia tienen los mismos derechos.
3) Las decisiones deben tomarse en consenso.
4) El rol de padre no es sólo instintivo y natural, sino que también conlleva un proceso de información-formación.

Significados emergentes
a) El desacuerdo de un miembro puede bloquear cualquier decisión.
b) Las reglas se pueden modificar a conveniencia.
c) Si las reglas no son respetadas no sucede nada grave.
d) Los que quieren los hijos y lo que quieren los padres está en el mismo plano.

e) Si algún miembro amenaza la paz familiar tiene muchas posibilidades de salirse con las suyas.

f) Los comportamientos que se toman están basados en la elaboración personal de teorías científicas, pedagógicas, filosóficas e ideológicas.

Consecuencias. El rol que asumen los padres se ejerce conscientemente e informados por textos de divulgación. Proporcionan a sus hijos oportunidades de socialización para implicar a sus hijos en experiencias diversas.

La regla que afirma que la ley es igual para todos en la familia, no se logra imponer la realización de las tareas domésticas y mucho menos que las acepten mediante consenso.

En esta familia las reglas no son respetadas, por lo que los padres se ven en la necesidad de imponer reglas más blandas que son aceptadas pero no son seguidas por los hijos.

Conforme pasa el tiempo, regularmente cuando los hijos se encuentran en la adolescencia, los padres imitan a sus hijos en sus formas de vestir, en gustos musicales ó actividades deportivas, sin embargo, con ésto sólo se logra igualar cada vez más, las jerarquías entre padres e hijos, ésto crea una confusión de roles.

El joven manifiesta rechazo y rebeldía hacia sus padres, ya que no encuentra en ellos un sostén estable, pero tampoco logra ser autónomo. Pareciera que hace pagar a sus familiares parte de sus dificultades y no es raro que se conviertan en patologías psicológicas.

<u>Modelo Sacrificante.</u> La pareja sacrificante considera al acto del sacrificio como la mejor manera para ser aceptado por el cónyuge y además para mantener una relación. Ésto da como lógica consecuencia que el cónyuge que hace el "sacrificio" no obtiene sus metas ni deseos personales. Se pueden observar tres puntos importantes:

1) Un cónyuge "sacrificante" se queda en una aparente inferioridad y su pareja "el egoísta" con una aparente superioridad. Nardone (2003:87) nos indica que es aparente ya que el sacrificio se utiliza también para dominar.

2) Se inicia una competencia de sacrificios.

3) "La parte objeto de sacrificio no se siente cómoda, evitando la resistencia del mártir que crea para él ocasiones de satisfacción, poco a poco lo habitúa a recibir, inicia así una alternancia funcional recíproca de dones y regalos que tiene su feliz resultado en el bienestar". Nardone (2003:87)

Comunicación familiar del modelo sacrificante. Los discursos en esta familia se basan en la idea central de que el deber de los padres es el sacrificarse por los hijos. El mayor placer de éstos es el mismo que el de los hijos, o del cónyuge, de los padres, parientes, amigos, y nunca el propio. Sin embargo, otro discurso muy recurrente es a la desilusión por no apreciar las privaciones y renuncias del miembro sacrificante ó puede también asumir actitudes de víctima de manera silenciosa. Los términos más usados son el "sacrificio" y el "deber".

Comúnmente, los hijos motivan a los padres a divertirse, a salir, a alcanzar sus deseos personales, pero los padres insisten en que si los hijos quieren seguir con el mismo estilo de vida, ellos deben seguir sacrificándose.

Relaciones. Éstas son asimétricas, ya que como se explicó anteriormente, la parte sacrificante se encuentra en una aparente "inferioridad" y la parte egoísta en una aparente "superioridad", ésto es aparente, ya que el padre sacrificante a través del chantaje logra dominar y hacer que los demás hagan lo que él quiera gracias al sentimiento de culpa que causa.

La relación de padres e hijos se basa en el "altruismo insano", si el sacrificio de los padres no es apreciado por los hijos, éstos se lamentan, se enfadan y etiquetan a sus hijos de desagradecidos o imponen un silencio de víctimas.

Reglas parentales:
1) En la vida hay que sacrificarse por los demás para disfrutar por su placer o para sentirse amados y aceptados. El placer es una experiencia que no hay que perseguir.
2) Los padres son la columna principal en la que descansa la familia.
3) El padre que es exhonerado de cualquier incumbencia familiar orienta sus energías en el trabajo.
4) Los padres esperan que los hijos les recompensen algún día por todo lo que se ha hecho por ellos.

Reglas de los hijos.

1) Es un deber de los padres dar a los hijos lo que necesitan, ó es un deber de los hijos satisfacer a los padres.

2) Los padres se encuentran obligados a mantener a sus hijos sin límite de tiempo, ó el hijo debe contribuir, además de estudiar, trabajando.

3) En la vida hay quién se sacrifica y quién saca beneficio.

Significados emergentes.

a) Si eres altruista los demás te aceptan pero te explotan.

b) Cada sacrificio merece reconocimiento.

c) El sacrificio no reconocido genera desilusión.

d) El placer no puede permitirse.

e) Cada quien es libre de elegir cuándo y cómo sacrificarse.

f) Los hijos son motivados a sacrificarse por el éxito.

g) Todos los recursos familiares se encuentran a disposición de los hijos.

Consecuencias. Los hijos se encuentran fuera de las tareas domésticas, además se les complace en exigencias. Los hijos deben sentirse igual ó mejores que los demás.

Los hijos son poco entusiastas y parecen apreciar poco lo que se les da y detestan el modelo familiar de sus padres. Pueden llegar a mostrar rechazo ó violencia hacia sus padres. Hay otros hijos del modelo sacrificante que aceptan este modelo, por lo que se dedican a estudiar, a ayudar a sus padres en todo y hacer algo útil para la familia.

"El sacrificio no aprobado genera un esfuerzo mayor para sostener el sacrificio mismo". Nardone (2003:91) Los padres se lamentan de todo el sacrificio que hacen, además se lamentan también de su vida, pero no intentan nada para mejorarla. Gastan todas sus energías en complacer a la familia. Su participación en eventos sociales es muy escasa, suelen frecuentar grupos religiosos.

El esposo suele sacrificarse en el ámbito laboral, por lo que se encuentra alejado de los problemas familiares, pero también intenta huir del ambiente de su hogar, buscando otras distracciones y diferentes contextos. En algunas familias de modelo sacrificante, el esposo llega a parecerse mucho a la mujer, especialmente cuando ésta desarrolla problemas físicos ó hipocondría.

La atmósfera que se haya en los hogares de estas familias se encuentra cargada de ansiedad y preocupaciones, por lo que los hijos suelen huir de ella y buscar amistades en la escuela ó en el deporte.

Debido a los cambios de la sociedad, que se ha vuelto muy consumista, este modelo familiar es muy poco encontrado en esta época.

Modelo Intermitente. La familia con el modelo intermitente tiene una relación en la que los roles, posiciones que asumen los miembros de las familias y los comportamientos, no están bien definidos ni son coherentes. En esta familia, los padres pueden cambiar de un modelo a otro, por ejemplo, un padre puede encontrarse como hiperprotector y alternar a conductas democrático-permisivos y, después, pasar a padre sacrificante.

El modelo familiar intermitente es cada vez más común en la sociedad, Nardone (2003:101) nos da varias razones. 1) En una sociedad en constante evolución, es casi natural intentar nuevas estrategias, como si la última propuesta fuera la mejor; 2) en un mundo de comunicación de masas en donde se aportan nuevas soluciones a viejos problemas, resulta fácil estar confusos e inseguros de la validez de las posiciones y acciones.

Comunicación familiar del Modelo Intermitente. Los padres de estas familias pasan de una posición a otra, pueden ser rígidos para luego ser flexibles, o pueden revalorizar a los hijos y luego descalificarlos. Al igual que los padres, los hijos son obedientes y responsables para cambiar a ser rebeldes e irresponsables. Esta situación de cambios de un modelo a otro, se pueden encontrar en personas que son incapaces de mantener una sola posición, personas que se evalúan, que reflexionan y critican tanto sus acciones como la de los demás, por lo que la capacidad crítica se convierte en algo patógeno.

Un ejemplo de la interacción de esta familia es cuando los hijos hacen algo que necesita ser reprendido, así que los padres actúan de manera rígida ó autoritaria, pero después de meditarlo se arrepienten y pasan a ser hiperprotectores, pero al ver que sus hijos hacen lo que desean le siguen al modelo sacrificante para conseguir lo que ellos desean.

Reglas.

1) La duda ante todo.
2) Someter toda acción a la autocrítica cuando se observa que la posición tomada anteriormente no resulta.
3) Para prevenir daños mayores se bajan los compromisos.
4) No hay regla fija, por lo que ésta es un objeto de revisiones continuas.

Significados Emergentes.
a) Ninguna posición se mantiene de forma determinada.
b) Nada es válido y tranquilizador.
c) Se tiene el lema del compromiso y de la revisión de las posiciones.
d) La única constante es el cambio.
e) Ausencia de puntos de referencia y bases seguras.

Consecuencias. Estas familias tienen la característica de afrontar situaciones problemáticas sin mantener una posición constante, en consecuencia, los problemas no tienen una solución real, ésta no se consigue porque la medida tomada sea incorrecta, más bien, se debe al constante cambio por la prisa de resolver el problema. De esta manera, cualquier acción ó posición tomada no llega a lograr algún efecto, al contrario, ésto refuerza la condición patógena. El tipo de medidas aplicadas por los padres hacen que el hijo llegue a contrarreacciones, que serán otra vez corregidas, y éstas a la vez, conllevarán a nuevas reacciones y correcciones. Si este círculo vicioso continúa en el tiempo, se organizará un modelo repetitivo y redundante.

Modelo Delegante. Muchos matrimonios jóvenes aún no son capaces de desvincularse completamente de la familia de origen, por lo que ésta última muchas veces influye en la vida del nuevo matrimonio, tal pareciera que al contraer matrimonio uno no se desliga de sus padres, sino que al contrario, se adquiere un nuevo hijo. La pareja joven se encontrará en una situación de beneficios y compromisos, los beneficios son económicos y logísticos. Y compromiso, ya que al ser la familia de origen la que influye en el hogar, la nueva pareja tendrá que aceptar el modo de vida de los padres ó suegros.

"En el cuidado de los nietos los suegros/padres seguirán sus métodos, sus presupuestos educativos y, a pesar de los esfuerzos de los neo-padres en proponer nuevas orientaciones con discursos adecuados y convincentes, al final la costumbre y la tradición se llevarán la mejor parte". (Nardone, 2003: 110).

La familia delegante, como lo dice su nombre, delega a los suegros o padres su interacción y dinámica, los cuidados de la casa y la educación de los hijos, por lo que éstos se relacionarán con el nuevo hijo (nieto) como lo hacían con los suyos y pretenderán que el yerno ó nuera se adapte a su modo de vida.

Los verdaderos problemas no se presentan cuando los nietos son pequeños, sino cuando éstos se encuentran en la adolescencia, en donde los cuatro padres del adolescente compiten para ser el predilecto, de esta manera el hijo ó nieto buscará obtener lo que quiere mediante la búsqueda de quién de los cuatro padres le de aprobación.

En la familia delegante "falta igualmente una figura cualificada; los abuelos pertenecen ya a una generación superada y, por tanto, salvo raras excepciones, no son modelos deseables, apropiados para ser imitados; los padres, que son incapaces, por agradecimiento ó incapacidad de hacer valer sus ideas, resultan débiles, poco asertivos y, por lo tanto, poco convincentes como guías en los que confiar en momentos de necesidad" (Nardone, 2003:110).

Comunicación Familiar del Modelo Delegante. Es muy común encontrar en las modalidades comunicativas, gestos, expresiones faciales, tonos de voz, que contradicen lo que se dice, ésto quiere decir que lo gestual contradice lo verbal. Por ejemplo, la nieta ó hija pide permiso para ir a una fiesta, pero los abuelos no están de acuerdo con que la hija asista, por lo que los padres, explican verbalmente que no tiene permiso para ir, sin embargo mediante un gesto ó con un movimiento corporal, le comunican que si tiene el permiso.

En esta familia también aparecen hechos, ideas, sentimientos y mentiras que se quieren esconder entre miembros de la familia. Se pueden encontrar diálogos como "recuerda que en el fondo eres hijo mío... mientras vivas bajo este techo..."

Relaciones. Cuando la familia completa está presente, los padres y nietos quedan en un mismo plano, sin embargo cuando los abuelos no se encuentran, los nietos se encuentran en un plano menor. Los abuelos continuarán cuidando a los nietos como si fuesen niños. Aunque se encuentren en la adolescencia, por lo que puede resultar tensiones y malhumor entre abuelos y nietos.

Los abuelos se sienten responsables y nerviosos cuando los nietos salen en motocicleta ó con los amigos cuando los padres no se encuentran. Los padres suelen estar poco tiempo en casa o cuidando a los hijos con el objetivo de evitar problemas y delegar la educación de sus hijos a los abuelos.

Reglas.
1) Somos y tenemos que ser una gran familia.
2) No los atendemos pero siempre serán nuestros hijos y las leyes anteriores continuarán vigentes.
3) Aceptamos la convivencia pero ahora somos autónomos y también podemos imponer leyes.
4) Se habla sobre el progreso, los nuevos conocimientos y tecnología.
5) Se cuenta la experiencia, la ancianidad y la sabiduría.

Significados emergentes.
a) Se busca la armonía y la paz, por lo que se deja a segundo plano, las exigencias propias.
b) En esta casa todo queda como antes, tanto jerarquías como horarios, costumbres y decoración.
c) Las novedades pueden crear enfrentamientos.
d) Los abuelos y los padres no tienen las mismas reglas, por lo que los hijos siguen las más cómodas para ellos.

Consecuencias. Los padres pueden perder muchas ocasiones para convivir con sus hijos. Tendrán pocas experiencias de enfrentamiento y recreativas, por lo que no conocerán completamente el desarrollo y las exigencias de sus hijos y tratarán de compensar estos momentos con obsequios, regalos ó permisos. Los abuelos también intentarán ganar el afecto de los hijos con dinero y obsequios, de esta manera los hijos o nietos de las familias delegantes tienen muchos bienes materiales sin una razón contundente.

Los hijos adolescentes del modelo delegante obtienen lo que quieren sabiendo a quién pedirlo o con quién confabularse para obtenerlo.

Modelo Autoritario. "Es un modelo relacional en el cual uno de los padres o ambos intentan ejercer el poder sobre los hijos". (Nardone, 2003:119).

El modelo autoritario pertenece a generaciones anteriores a la Segunda Guerra Mundial o de generaciones inmediatas a ésta. La familia autoritaria está basada en la idea de que el padre tiene el poder y control de la familia, mientras la madre es ama de casa y se dedica al cuidado de los niños. Se puede observar mucha diferencia entre los derechos de un hombre y una mujer, por esta razón este modelo familiar fue objeto de muchas discusiones en 1968. En esta época, era fácil ser un padre riguroso y autoritario, ya que toda la sociedad lo era, se trataba de transmitir la honestidad, el honor, el esfuerzo, la fuerza de voluntad, además habían muchos ideales religiosos y políticos. El padre dicta las reglas, impone disciplina y se presenta como modelo a seguir.

Los padres que han tenido una familia de origen con un modelo autoritario ó que se encuentran en un ambiente laboral ó social con jerarquías rígidas, tienen mayor probabilidad de presentar este estilo. La madre puede encontrarse en una posición inferior a la del padre ó ser igualmente autoritaria. Los hijos siempre tienen una posición de inferioridad, deben aceptar las reglas y dictámenes de los padres; les es negado seguir modas o diversiones como las de sus iguales, se les motiva en el estudio y en la adquisición de habilidades para tener éxito en la vida. El ambiente familiar está inserto en la disciplina, el deber, el control; no se permite el desperdicio económico, y se exalta la paz familiar y la sencillez. Esta familia suele ver al hijo mayor con grandes expectativas, por lo que se invierte la mayor parte de los ingresos en él. Las diferencias conductuales y de comportamiento entre ambos sexos son muy marcadas.

Comunicación Familiar del Modelo Autoritario. Cuando la figura de autoridad es solamente el padre, mientras él no se encuentra en casa, la madre y los hijos se encuentran en un ambiente más relajado y surge una relación estrecha entre ellos. En cambio, cuando la madre también es una figura autoritaria la comunicación se sumerge en gestos, hechos, silencios. Los padres consideran importantes y necesarios los discursos y a la reafirmación de los principios, ésto hace que los hijos intenten contestar a los padres, pero mayoritariamente sin éxito.

Las pláticas en esta familia son breves y los temas a tratar durante la comida ó reuniones familiares son reproches de la sociedad y la educación, prohibiciones de la modernidad. La madre hace más aceptable los enunciados del padre dando explicaciones y en otras ocasiones hace de víctima y pide a los hijos comprensión ó ayuda para sobrellevar la situación.

Relaciones. La jerarquía de esta familia mantiene al padre en la posición más alta, mientras la madre y los hijos se encuentran en una posición inferior de vasallaje. La madre asume el papel de mediadora. Si el hijo toma el mismo estilo autoritario de los padres, ésto crea una complementariedad, pero si éste se rebela pueden aparecer enfrentamientos muy violentos. En estas situaciones, donde el hijo se rebela, si la madre está del lado del hijo, las discusiones serán aún más fuertes, ésto da como consecuencia que el hijo sienta más desprecio por su padre.

Reglas:
1) Existen valores absolutos, inmutables y eternos, de ahí surgen las reglas rígidas.
2) Cada uno debe sufrir las consecuencias de sus acciones.
3) El logro de metas y las satisfacciones de los deseos se ganan con esfuerzo.
4) Fundamentos de la convivencia, orden y disciplina.

Significados emergentes.
a) Se obedece y no se discute.
b) Los comportamientos aceptables son equiparables con los valores.
c) Los comportamientos inaceptables de esconden ó se evitan.
d) Los errores traen consigo castigos.

Consecuencias. El padre se representará como ejemplo viviente. Las actividades en familia como las comidas, las tareas, salidas y entradas, están bajo horarios rigurosos. A los hombres se les exige mucho esfuerzo en la escuela, en los deportes y en su posición social, en cambio a las mujeres se les exige ser dóciles y sumisas, que aprendan las labores del hogar.

Algunos hijos de esta familia, durante la adolescencia tratan de acatar las reglas de los padres para satisfacerlos y/o recibir premios. Los hijos que se rebelan al modelo familiar se concentrarán menos en sus deberes, frecuentan compañías y se expondrán a experiencias diferentes sin el permiso de sus padres. Si el hijo continúa así, en el momento en que su padre lo descubra habrá un fuerte enfrentamiento que puede llegar a la violencia física. Los hijos abandonan su familia en cuanto tengan la primera oportunidad. Es posible que estos hijos tengan la experiencia de haber enfrentado muchos obstáculos por la dinámica de su familia, por lo que cuando sean mayores serán muy tenaces y no se desanimarán tan fácilmente.

2.2.5 Modelos Familiares y su Influencia en el Actuar de los Alumnos de Preescolar.

Entre las funciones familiares sociales se subrayan la reproducción biológica, transmisión de la cultura y mantenimiento de sus miembros. Las funciones educativas familiares requieren del apoyo de las instituciones escolares; la escuela y la familia se complementan y coordinan para integrar todos los aspectos educativos.

La familia ejerce una gran influencia en el desarrollo del niño antes de llegar a la escuela, que es el primer sistema educativo, por lo que su hacer educativo es sumamente importante para la adquisición de la identidad.

"En la propia casa, tanto la recopilación de recuerdos personales como la perspectiva de un futuro personal se construyen mediante referencias diarias, frecuentes y continuas discusiones de asuntos familiares... el sentido del pasado personal y del futuro presentan perspectiva y continuidad, que son la esencia para ir adquiriendo el sentimiento de identidad" (Kellmer Pringle, 1976 citado por López Román 1991:94) (11).

. La influencia de la familia en el niño, de la interacción entre sus miembros depende el modo de estructurar la inteligencia, los estilos cognitivos, la socialización, el tipo de afectividad, la adquisición de la identidad personal, etcétera.

La interacción familiar puede facilitar o dificultar el proceso educativo de los hijos. Ésta permite al niño enriquecerse de experiencias que le proporcionen un crecimiento personal. La interacción familiar va unida al envío de mensajes, ya sea a través de gestos, movimientos corporales, contacto, lenguaje, que tienen cierta intención. Este envío de mensajes tiene efectos positivos y negativos.

Positivos:
> Seguridad personal.
> Confianza básica
> Estabilidad emocional
> Cohesión personal.
> Progreso permanente.

Negativos:
- Ambivalencia afectiva
- Comportamientos reactivos y sintomáticos.
- Sentimiento de abandono afectivo.
- Inestabilidad emotiva.
- "Yo" débil e inestructurado.

De los mensajes positivos y negativos van a surgir los procesos de socialización, desarrollo afectivo, adquisición de un cuadro de valores, éticos y un progreso conductual global que marcará la personalidad.

La personalidad se estructura en la relación con los otros y de los efectos positivos y negativos, ésto hace necesario el diagnóstico de la interacción familiar y los instrumentos de evaluación. Este trabajo de investigación trata de diagnosticar la interacción familiar para establecer el modelo familiar al que cada alumno pertenece.

El recién nacido queda inmerso en la sociedad a través de la familia, quien enseñará conductas y modos de percibir la realidad. La familia ofrece la posibilidad de que potencialice sus capacidades.

Durante la niñez, las personas significativas son los padres, por lo que, el aprecio ó menosprecio de éstos enseñarán al niño a tratarse y a verse a sí mismo. Tocco y Bridges (1973, citado por Minguet y Pérez, 1991:103) (12) realizaron un estudio en la escuela primaria donde encuentran que el carácter positivo ó negativo que tienen los niños de sí mismos se relaciona directamente con el concepto positivo ó negativo que sus padres tienen de ellos, mientras que los niños de doce años dependen del concepto que tengan sus padres de ellos.

En la infancia se vuelve muy importante el aprecio de los padres, pero al crecer el aprecio de los hermanos toma su lugar. (Minguet y Pérez, 1991:119).

La Influencia de la Familia en la Normativa Moral del Niño.

La normativa moral depende de la acción educativa familiar en la primera infancia, los padres pueden crear en el niño estructuras morales inestables y frágiles ó sólidas y capaces para progresar. (Minguet y Pérez, 1991:120)

La Influencia de la Familia en el Lenguaje del Niño.

"Un niño adquiere el lenguaje cuando aprende a hablar con sus padres y otros" (Minguet y Pérez 1991:121).

Los niños adquieren el lenguaje a través de su familia, por tanto, las bases que la familia dé al niño, es determinante en la deficiente adquisición ó no adquisición del lenguaje.

El lenguaje es de suma importancia ya que tiene una relación directa con el aspecto cognitivo.

1) La lengua se adquiere en la familia de manera verbal.
2) Los padres modifican el habla gramatical y estilísticamente.

La Influencia de la Familia en el Aspecto Socializador.

Familia, primer agente socializador, promueve la transmisión de cultura y control social. (Minguet y Pérez 1991:122).

"El proceso de socialización del individuo se inicia en la familia. En su seno, mediante la interacción social y la instrucción informal en la cultura básica, el niño asienta las estructuras del comportamiento familiar y del grupo al que pertenece. Se produce así la transmisión de los valores culturales y el aprendizaje social de los hijos (Galli, 1976 citado por Minguet y Pérez, 1991:122).

El niño comienza a socializar a través del lenguaje y con el lenguaje, el aspecto cognitivo se desarrolla debido al intercambio de información.

La Influencia de la Familia en la Afectividad.

La socialización afecta a la inteligencia, al pensamiento del niño y también en la vida afectiva.

"El niño debe tener cubierta la necesidad de seguridad afectiva; es decir sentirse unido a las personas con quien convive y estima, para que pueda desarrollarse normalmente centrado, integrado y feliz". (Minguet y Pérez 1991:122)

La Influencia de la Familia en el Desarrollo Cognitivo.

La dimensión cognitiva está conectada a la socialización, afectividad, la normativa moral y la capacidad sociolingüística.

Todos estos aspectos desarrollan la dimensión cognitiva, donde la familia está vinculada con cada uno de estos aspectos.

La familia ó el entorno tiene una influencia en el niño, pero también es decisiva la manera en que influye. Otras variables que influyen son: espacio, posición ordinal, sexo, relaciones hijo-padre.

"Una acción educativa familiar positiva conseguirá la reintegración armónica de todas las dimensiones en la formación del sujeto, lo que conlleva en el propio sujeto la comprensión del sentido de su propia vida" (Minguet y Pérez Alonso, 1991:123).

La Influencia de la Familia en los Movimientos Motores.

"El desarrollo motor es el control de movimientos corporales mediante la actividad coordinada de los centros nerviosos, los nervios y músculos" (Hurlock, 1998:153) (13).

La familia mantiene a los hijos bajo experiencias en los que se ponen en práctica los movimientos corporales, depende de la variedad de estas experiencias para el correcto o deficiente desarrollo de los movimientos coordinados y motores.

Como se puede observar, la familia interviene en todos los aspectos de identidad de los hijos, por lo que, los niños son y actúan de acuerdo a lo que su familia les ha transmitido, al llegar al jardín de niños, cada uno refleja la familia a la que pertenecen, se mueven, conocen, saben, hablan según la cultura de la familia. En este sentido, las maestras de preescolar se encuentran frente una diversidad cultural de las familias de sus alumnos.

2.3 MARCO CONCEPTUAL

En el marco conceptual se abordan las palabras que requieren ser definidas para obtener una mayor comprensión del estudio, además se establece lo que se entiende por cada una de ellas, específicamente para esta investigación.

2.3.1 Desempeño Escolar.

Para este estudio en particular, el desempeño escolar se medirá cualitativamente, debido al nivel de educación, en preescolar el aprovechamiento escolar se califica de manera cualitativa, éste depende de las habilidades y competencias que el alumno desarrolla. (PEP, 2004:131) (14).

En base al PEP 2004, se elaboró la siguiente jerarquización propia:

- Excelente desempeño escolar. Los preescolares con un alto desempeño escolar son los que han adquirido ya habilidades y competencias más avanzadas y que no se han trabajado en el aula, debido a que en sus hogares se les atiende en ellas, como el dictado, las sumas y restas, el deletreo, etcétera.
- Buen desempeño escolar. Los alumnos con un desempeño escolar adecuado son todos aquellos quienes han adquirido competencias y habilidades, trabajadas en el aula, al mismo paso que la mayoría de sus compañeros
- Regular desempeño escolar. Los alumnos que tengan un bajo aprovechamiento escolar son los que no han adquirido las competencias en que se ha trabajado al mismo paso que sus compañeros, que han necesitado mayor tiempo para empezar a desarrollarlas.

2.3.2 Lenguaje

"El lenguaje es una actividad comunicativa, cognitiva y reflexiva. Es, al mismo tiempo, la herramienta fundamental para integrarse a su cultura y acceder al conocimiento de otras culturas, para interactuar en sociedad, y en el más amplio sentido, para aprender." (PEP, 2004:57).

El lenguaje se utiliza para transmitir y recibir información, sentimientos, deseos, necesidades, ideas, con él se establecen y se mantienen relaciones interpersonales, así también es parte de la construcción del conocimiento y en la representación del mundo.

"La ampliación, el enriquecimiento del habla y la identificación de las funciones y características del lenguaje son competencias que los pequeños desarrollan en la medida en que tienen variadas oportunidades de comunicación verbal". (PEP, 2004:57).

La amplitud del vocabulario, la propiedad en el contexto en el que se habla así como la pronunciación, son factores del lenguaje que dependen de las experiencias a las que los niños han sido expuestos. Una familia que enfrenta a los niños a un vocabulario amplio, y que lo lleva a experimentar diferentes situaciones en la vida crean una base para que el niño logre distinguir qué vocabulario usar en diferentes situaciones.

Cuando los preescolares entran a la educación formal hablan según sus referentes previos, se comunican como las características de su cultura, usan la estructura lingüística de su lengua materna, al llegar a la escuela se encuentran ante un lenguaje y formas de comunicación distintas a las del seno familiar por lo que su vocabulario se enriquece, y aprende a comunicarse de distintas maneras dependiendo de su interlocutor. Para el nivel preescolar, "el progreso en el dominio del lenguaje oral significa que los niños logren estructurar enunciados más largos y mejor estructurados". (PEP, 2004:57).

Para el presente estudio, la evaluación del lenguaje se basará en la adecuada estructuración de los enunciados, en la propiedad de acuerdo al contexto y la pronunciación correcta de las palabras.

2.3.3 Conducta

Mediante una elaboración propia, se definen dos tipos de conducta, tomando en cuenta que en las bases del PEP (2004), la jerarquización de la conducta de los niños en edad preescolar es diferente a la de los niños de educación elemental ó los adolescentes. Debido a las necesidades de esta edad, sería injusto etiquetar a un niño de mala conducta porque se para constantemente, corre alrededor del aula, no pone atención ó platica mucho.

- Conducta Apropiada. Un alumno de preescolar que ríe, juega durante la clase, platica cuando se aburre, o que se distrae fácilmente con el exterior, quien corre alrededor del aula ó que tome los objetos del aula sin indicación es considerado un niño con conducta apropiada a su edad.
- Conducta Inapropiada. Un niño con conducta inapropiada es quien desobedece a la maestra constantemente, quien golpea a sus compañeros, no por defenderse, y se daña a si mismo al sentirse frustrado o enojado.

2.3.4 Temperamento.

En este estudio se pretende encontrar una relación entre el modelo familiar y el temperamento de los alumnos.

La personalidad se relaciona directamente con el temperamento, se dice que el temperamento es el germen del carácter", y a su vez de la personalidad (Zepeda, 2003:282) (15).

Berk (1999:536) (16) dice que el temperamento es el estilo de respuesta emocional del niño y forma la base de la personalidad adulta.

Existen varios modelos de temperamento que diferentes autores han establecido, Hipócrates clasifica el temperamento en sanguíneo, melancólico, colérico y flemático; Kagan y Snidman (1991 citados por Berk, 1999:539) los clasifica en niños inhibidos y deshinibidos; En 1928 Spranger (citado por Papalia, 1998) (17) los agrupa según sus intereses, filosofía, economía, arte, gente, política o religión; en el modelo de Thomas y Chess (1977 citados por Berk, 1999:537), se clasifican como niño fácil, niño difícil y niño lento para animarse; Kretschner (1974, citado por Zepeda, 2003:283), los clasifica según su constitución corporal en el tipo pícnico, el tipo leptosómico y el tipo atlético.

El temperamento ha sido medido por diversos instrumentos como entrevistas a los padres de los niños estudiados, observaciones de la conducta y reacciones fisiológicas.

Casi de Silva (1995), Kochanska y Radke-Yarrow (1992), Riese (1987) y Ruff, et al (1990) citados por Berk (1999:540) aseguran que el temperamento en los niños es estable, mientras que Kagan y sus colegas concluyen que los niños inhibidos y desinhibidos si cambian su temperamento, sólo son estables los niños con temperamento extremo, muy inhibidos ó muy desinhibidos. Los cambios en el temperamento se pueden explicar debido a la experiencia, a los cambios biológicos y ambientales.

El temperamento se encuentra ligado con el rendimiento cognitivo, con la socialización y la conciencia, ya que los niños más interesados y persistentes aprenden rápidamente y los preescolares activos son sociales, mientras que los más sensibles y nerviosos actúan pegando, tomando objetos de compañeros y tocándolos. En la conciencia por ejemplo los niños con mayor índice de ansiedad tienen malestares, sentimiento de responsabilidad con los demás después de hacer algo incorrecto.

En esta investigación se utilizará la clasificación de Thomas y Chess (1997:537) niño difícil, fácil y lento para animarse.

- Niño Fácil: Este niño establece rápidamente rutinas regulares en la infancia, es alegre y se adapta fácilmente a experiencias nuevas. Tienen un humor positivo y se llevan bien con otros, y son extrovertidos y amables.
- Niño Lento para Animarse: Es inactivo, muestra reacciones leves o bajas ante los estímulos ambientales, es de ánimo negativo y se ajusta lentamente a experiencias nuevas, son característicamente retraídos cuando se enfrentan con situaciones o gente nuevas.
- Niño Difícil: Tiene rutinas diarias irregulares, es lento para aceptar experiencias nuevas y tiende a reaccionar negativamente e intensamente, tienen un humor negativo.

Un ejemplo de esta clasificación:

- Tomás es un niño extrovertido y amable que se lleva bien con los adultos y con otros niños. Disfruta de las nuevas experiencias, se adapta bien a las rutinas de la clase y muy pocas veces está enojado o de mal humor, ya no ve la hora de comenzar su nueva clase.

- Kevin es reservado y tímido y necesita tiempo para sentirse cómodo cuando se encuentra con personas, lugares o experiencias nuevas. Los primeros días de clase son incómodos, e incluso le provocan miedo. Es reacio a comenzar el nuevo año escolar en una clase nueva.
- Andrés es muy activo, reacciona con mucha rapidez y es intenso. Tiene dificultades para permanecer sentado y prestar atención en la escuela y muchas veces reacciona exageradamente con sus maestros o compañeros. Recuerda el estrés del año anterior y preferiría quedarse en su casa.

2.3.5 Complexión Física

En esta investigación se intenta encontrar una relación entre el modelo familiar y la constitución corporal de los alumnos.

De acuerdo a la complexión física encontramos niños con sobrepeso, normal y bajo peso. Para conocer qué complexión física tiene cada alumno, éstos fueron medidos y pesados. Se calculó el BMI (Índice de Masa Corporal, por sus siglas en Inglés) al capturar los datos de cada alumno en un Calculador de BMI en http://www.kidsnutrition.org/bodycomp/bmiz2.html (18)

El BMI se mide en percentiles y de acuerdo al número de éstos se puede identificar al niño con sobrepeso, normal o bajo peso. La División de Nutrición, Actividad Física y Obesidad (Division of Nutrition, Physical Activity and Obesity) muestra esta tabla para ubicar la complexión física de acuerdo a los percentiles.

Complexión Física	Rango de percentiles
Bajo peso	Menos de 5 percentiles.
Normal o saludable	Desde 5 hasta 94 percentiles
Sobrepeso	Desde 95 percentiles

REFERENCIAS BIBLIOGRÁFICAS.

1) Abbagnano N. y A. Visalberghi (1996), "Rosseau", en Historia de la Pedagogía, México, FCE (Sección: Obras de Filosofía), pp.387-400.

2) Froebel, Federico (2001). La educación del Hombre (Fragmentos) En http://cervantesvirtual.com/servlet/sirveobras/0402171766284067216315504/ Cuellar, Pérez Hortencia (1992 Selección de Textos) México, Trillas.

3) Galván L. y Zúñiga A. (2003). De las Escuelas de Párvulos al Preescolar. Una Historia por Contar. En http://biblioweb.dgsca.unam.mx/diccionario/htm/articulos/sec_25.htm

4) Ley General de la Educación (2008), SEP. México.

5) Engels, Friedrich (1981). El Origen de la Familia, La Propiedad Privada y el Estado.

6) Guerrero M., Castillo C., Caraveo J. (2004) La Familia Mexicana Ayer y Hoy. De la Prehistoria a la Colonia., Universidad Internacional Maya Cancún, México.

7) Minuchin, S. (1979). Familias y Terapia Familiar. Gedisa. México.

8) Estrada Inda L. (1997). El Ciclo Vital de la Familia. Grijalbo. México.

9) Fishman R. y Minuchin S. (1987) Técnicas de Terapia Familiar. Paidós. México.

10) Nardone. G. Giannoti, E. (2003). Modelos de Familia. Herder. España

11) J. López Román (1989). La familia como agente educativo. Enciclopedia de la Educación Preescolar.

12) P. Aznar Minguet y P. M. Pérez Alonso-Geta. (1989). La Familia y el Proceso Educativo. Enciclopedia de la Educación Preescolar.

13) Hurlock, Elizabeth B. (1998). "Desarrollo Motor" en Desarrollo del niño. México. Mc Graw-Hill.

14) PEP (2004) Programa de Educación Preescolar. SEP. México

15) Zepeda Herrera, Fernando (2003) Introduccion a la Psicologia, Pearson Educacion, México.

16) Berk L. (1999). Desarrollo del Niño y del Adolescente. Prentice Hall. Madrid.

17) Papalia D., Wendkos S. (1998). Desarrollo Humano. Colombia. Mc Graw Hil.

18) Division of Nutrition, Physical Activity and Obesity. About BMI for Children and Teens, en http://www.cdc.gov/healthyweight/assessing/bmi/childrens_bmi/about_childrens_bmi.html

CAPÍTULO III

METODOLOGÍA

En este capítulo se explica todo lo concerniente a la metodología que se llevó a cabo para demostrar las hipótesis. En el punto 3.1 se señala el tipo de investigación del presente documento; en el apartado 3.2 se explica de manera detallada el diseño de investigación que sustenta este estudio; en el inciso 3.3 se exponen las técnicas e instrumentos de investigación que se utilizaron para dar respuesta a las preguntas de investigación; por último, en el punto 3.4 se hace referencia al universo de estudio.

3.1 Tipo de Investigación

De acuerdo a Hernández Sampieri (1994:58) (1) la tipología de los estudios de ciencias sociales "se refiere al alcance que puede tener una investigación científica". Existen cuatro clases de investigación: exploratorias, descriptivas, correlacionales y explicativas.

Esta investigación contiene dos clases de estudio. De acuerdo a H1, el tipo de investigación es descriptiva porque el objetivo es identificar el tipo de familia al que pertenecen los alumnos y exponer su dinámica y características. Con respecto a H2, el estudio es correlacional porque se pretende medir el grado de relación entre las variables, y de este modo, encontrar la relación entre el modelo familiar y el desempeño escolar, el lenguaje, la conducta, temperamento y complexión física.

3.2 Diseño de Investigación

"El término diseño se refiere al plan o estrategia concebida para responder a las preguntas de investigación" (Christensen citado en Hernández Sampieri 1998:108).

El tratamiento de las hipótesis para su comprobación se realizó con diferentes técnicas e instrumentos, ésto se hizo en base a las características y necesidades de éstas. Se aplicaron técnicas cualitativas para la comprobación de las respuestas de investigación porque el objetivo es identificar las cualidades de cada sujeto y sus familias. Se utilizó, la observación, la conversación, la encuesta, se aplicó una prueba de aprovechamiento y se midió y pesó a cada sujeto.

A continuación se describirán los pasos que se siguieron en el diseño de la investigación:

- Se diseñó un formato para cada alumno del grupo, en donde se registra el nombre del niño, edad, los resultados de la prueba de aprovechamiento, las características de su lenguaje, la conducta, su temperamento, talla, peso, BMI, modelo familiar y sus características.
- Se aplicó una prueba de aprovechamiento escolar a los alumnos de preescolar para comprobar los conocimientos que han obtenido durante el ciclo escolar.
- Se entabló una conversación para analizar su lenguaje.
- Se hicieron observaciones en la conducta y personalidad.
- Se prosiguió a medir y pesar a cada uno de los sujetos, llevándose un registro de éstos.
- Se capturó la talla y peso de cada alumno para calcular el BMI.
- Se aplicaron encuestas a los padres de familia de los alumnos para conocer su modelo familiar.
- Se capturaron las respuestas de las encuestas de los padres de familia para su análisis.
- Se llenó el formato de datos de cada alumno.
- Por último, se prosiguió a relacionar el modelo familiar del sujeto con sus características personales y físicas mediante gráficas y tablas.

3.3 Técnicas e Instrumentos de Investigación

Una vez diseñado el estudio de investigación para la comprobación de hipótesis que se considera apropiado, se prosiguió a aplicar las técnicas e instrumentos de investigación adecuados para abordar el objeto de estudio.

La técnica de recolección de datos es definida como: "Proceso durante el cual se reúne la información relevante y necesaria para un estudio ó investigación" (Diccionario, 1984:1236) (2), y que se utilizó en este estudio, permite identificar los modelos familiares que existen en el grupo en gestión, así como conocer el aprovechamiento escolar del alumno, su lenguaje, conducta, personalidad y complexión física. De este modo, se logró vincular el modelo de familia con el actuar del preescolar en la escuela.

Para H1, se realizó una encuesta que fue contestada por la madre y el padre. En este cuestionario se exponen preguntas acerca de las características y dinámica de la familia con el objeto de identificar a qué tipo de familia pertenecen. Primero, se aplicó una prueba piloto con cinco madres de familia para comprobar la validez de la encuesta, en esta prueba piloto se corrigieron la cantidad de ítems; en la segunda prueba piloto se observó que se debía cambiar la palabra jerarquización.

Para H2, los instrumentos y técnicas fueron diversos debido a la naturaleza del objeto de estudio. El primer instrumento aplicado para responder a la segunda pregunta de investigación fue una prueba de aprovechamiento para los sujetos, la cual refleja el nivel de aprovechamiento escolar.

Después, se midió y pesó a cada uno de los alumnos de 2° C para conocer su complexión física mediante un calculador de BMI.

Se prosiguió con las conversaciones individuales de los sujetos, a quienes se les pidió platicar sobre un suceso en especial, por lo que se logró identificar la propiedad, conjugación, pronunciación y vocabulario.

Durante el ciclo escolar se han realizado las observaciones para identificar la conducta y la personalidad de cada alumno, éstas han sido registradas en el "diario de la educadora".

3.4 Universo de Estudio

Los sujetos de esta investigación fueron 25 alumnos de asistencia regular, que representan el 100% del total del 2°C del Jardín de Niños "María Lavalle Urbina", ciclo escolar 2007-2008. (3)

En cuanto al control situacional, la aplicación de los instrumentos dirigidos a los alumnos se dió durante el horario de atención en la escuela, por lo que se mantuvo el ambiente natural del salón de clases. En cuanto a las barreras de comunicación que pudieron surgir durante la aplicación de las pruebas de aprovechamiento ó las conversaciones, se evitaron mediante el tratamiento de pequeños grupos de cinco niños.

Asimismo, fueron objeto de estudio los padres de cada alumno. A quienes por familia se les solicitó su presencia después de las clases para contestar la encuesta. Antes de tratar con el padre ó madre se les explicó el objetivo del estudio y se les concientizó para que las respuestas fueran lo más reales posibles.

REFERENCIAS BIBLIOGRÁFICAS

1) Hernández S., et al. (1998) Metodología de la Investigación. México. Mc Graw Hill.
2) Diccionario Larousse (2004) Editorial Planeta. Barcelona.
3) Expedientes de la Profesora de 2º C del Jardín de Niños "María Lavalle Urbina"

CAPÍTULO IV

ANÁLISIS DE RESULTADOS

4.1 Cuadro General de Concentración de Datos

	GÉNERO	EDAD	PESO	ESTATURA	BMI	COMPLEXION CORPORAL	POS NAC	HERMANOS/ EDAD	CICLO VITAL FAM	MODELO FAMILIAR	DESEMPEÑO ACADEMICO	CALIF	TEMP	LENGUAJE	CONDUCTA
BRIAN FER	M	5	18	105	79	NORMAL	1°		HIJOS	PERM-INT	BUENO	10	DIFICI	APROP, ESTR, BP.	INAPROPIAD
IRIS	F	5	17	108	29	NORMAL	1°	1/1	HIJOS	PERM-INT	BUENO	10	FACIL	APROP, ESTR, BP.	APROPIADA
JOSÉ DE J	M	5	22	110	94	NORMAL	2°	1/15	ADOLE	INTERMITE	BUENO	10	FACIL	APROP, ESTR, BP.	APROPIADA
JORGE	M	5	17	102	77	NORMAL	2°	2/10, 18	HIJOS	INTERMITE	REGULAR	75	DIFICI	APROP, ESTR, BP.	INAPROPIAD
RUBÉN	M	5	18	102	88	NORMAL	1°	1/1	HIJOS	PERM-INT	BUENO	8.75	FACIL	APROP, ESTR, BP.	APROPIADA
AZENETH	F	5	17	104	66	NORMAL	3°	2/ 17, 15	ADOLE	INT-PERM	REGULAR	5	FACIL	APROP, ESTR, BP.	APROPIADA
MISHELLE	M	5	19	104	93	NORMAL	1°	1/1	HIJOS	HIPER-DEL	REGULAR	8.75	FACIL	APROP, ESTR, BP.	APROPIADA
BRANDON	M	5	23	111	95	SOBREP	2°	2/13, 1	ADOLE	INT-PERM	REGULAR	2.5	LENT	APROP, ESTR, BP.	APROPIADA
MILCA	F	5	20	113	62	NORMAL	2°	1/9	HIJOS	INT-PERM	BUENO	10	LENT	APROP, ESTR,MP	APROPIADA
JOSE ANGEL	M	5	21	112	83	NORMAL	2°	1/9	HIJOS	INT-PERM	EXCELENT	10	FACIL	APROP, ESTR, BP	APROPIADA
IRENE	F	5	17	109	19	NORMAL	1°		HIJOS	AUTORIT	REGULAR	2.5	LENT	APROP. ESTR, BP	APROPIADA
SIRETH	F	5	24	120	83	NORMAL	1°	†/†	HIJOS	INTERMITE	REGULAR	6.25	LENT	APROP, ESTR, BP.	APROPIADA
E. ESTRELLA	F	5	29	114	95	SOBREP	1°	1/2	HIJOS	INTERMITE	EXCELENT	10	FACIL	APROP, ESTR, BP.	APROPIADA

Name	Sex														
DIEGO ARM	M	5	17	104	63	NORMAL	1°		HIJOS	HIPER-INTER	REGULAR	2.5	FACIL	INAP, NO EST, MP	APROPIADA
BRAYAN	M	5	17	104	63	NORMAL	2°	1/9	HIJOS	AUT-INT	BUENO	8.75	FACIL	APROP, ESTR, BP.	APROPIADA
FERNANDO	M	5	24	112	95	SOBREP	1°	1/1	HIJOS	AUT-HIPER	REGULAR	10	LENT	APROP, ESTR, BP.	APROPIADA
MONTSERRA	F	5	22	111	93	NORMAL	1°	1/2	HIJOS	AUT-INT	EXCELENT	75	FACIL	APROP, ESTR, BP.	APROPIADA
MICHELLE	F	5	19	108	77	NORMAL	2°	1/8	HIJOS	INT-PERM	REGULAR	6.25	LENT	APROP, ESTR, BP.	APROPIADA
ISSAC	M	5	19	113	52	NORMAL	2°	1/7	HIJOS	INT-PERM	EXCELENT	10	LENT	APROP, ESTR, BP.	APROPIADA
DIEGO FCO.	M	5	19	113	33	NORMAL	1°		HIJOS	AUT-PERM	REGULAR	6.25	DIFICI	INAP, ESTR, MP	INAPROPIAD
IVAN	M	5	21	114	71	NORMAL	2°	1/10	HIJOS	PERMISIVO	REGULAR	2.5	LENT	APROP, ESTR, BP.	APROPIADA
ALAN	M	5	19	112	41	NORMAL	2°	1/12	ADOLE	INT-HIPER	BUENO	10	FACIL	APROP, ESTR, BP.	APROPIADA
CÉSAR	M	5	21	108	94	NORMAL	3°	2/12, 9	ADOLE	INT-AUT	REGULAR	8.75	DIFICI	INAP, ESTR, BP	INAPROPIAD
MIGUEL	M	5	27	115	95	SOBREP	2°	2/8, 12	HIJOS	PERM-INT	BUENO	10	LENT	APROP, ESTR, BP.	APROPIADA
GISELA	F	5	18	109	47	NORMAL	1°	1/9	HIJOS	INT-SAC	BUENO	10	FACIL	APROP, ESTR, BP.	APROPIADA

4.2 Interpretación global.

Niños y niñas, en su totalidad de cinco años de edad, cuatro de ellos (16%) con sobrepeso, cuatro (16%) con temperamento agresivo y egocéntrico, un alumno (4%) con lenguaje rudo, no estructurado y con inadecuada pronunciación. Y la mitad (50%) de los alumnos son primogénitos. El modelo familiar que predomina es el intermitente. El desempeño académico del grupo en general es bueno.

La mayoría de las familias de la muestra, son relativamente jóvenes, dado que están en la etapa de los "Hijos". Una alumna se presenta con bajo peso, lenta para animarse con un desempeño escolar regular y obtuvo una calificación de 2.5, se encuentra en un modelo familiar Autoritario.

En general, los niños con sobrepeso obtuvieron una calificación de 10.

La buena conducta está asociada al buen desempeño, aunque se aprecia que la conducta no determina la calificación, los niños con conducta inapropiada obtuvieron calificaciones entre 6.25 y 10.

El desarrollo del lenguaje es decisivo en el aprovechamiento escolar.

La baja alimentación, un lenguaje deficiente y un temperamento excesivamente lento para animarse retrasan el desarrollo académico, mientras que el sobrepeso, la conducta inapropiada no parecen ser obstáculos para el desarrollo académico.

Respecto a los modelos familiares, el que predomina es el intermitente permisivo y otras variantes del mismo modelo intermitente, por lo que se puede afirmar que los padres tienen dificultades no solamente para establecer entre ambos un modelo definido, sino que en muchos casos, van cambiando de un modelo a otro, a democrático-permisivo, autoritario, sacrificante, delegante, hiperprotector, reflejándose como el principal problema en la orientación de los hijos.

CAPÍTULO V

CONCLUSIONES

5.1. Conclusiones específicas

De acuerdo a las preguntas, hipótesis y objetivos establecidos en los propósitos de la investigación y de acuerdo a los datos encontrados, las interpretaciones y el análisis de las mismas, se llega a la siguiente conclusión general:

Respecto a la primera interrogante: ¿A qué modelos de familia principalmente pertenecen los niños de preescolar? se resolvió de acuerdo a los siguientes datos tomados de una muestra genérica:

El Modelo de Familia predominante, es el intermitente (84%).

En detalle, se presenta en los matices permisivo (40%), autoritario (16%), protector (8%), intermitente-intermitente (16%) y sacrificante (4%).

En menor proporción se encuentran los modelos: autoritario (4%), hiperprotector delegante (4%), democrático permisivo (4%) y autoritario protector (4%), sumando 16%.

En cuanto a la segunda interrogante, ¿Existe relación entre los modelos familiares y el desempeño académico, temperamento, lenguaje, conducta y complexión corporal?, se obtuvieron de acuerdo al análisis de los datos los siguientes resultados:

- Respecto al modelo de familia y desempeño académico, los niños que mayor desempeño académico obtuvieron fueron los que pertenecen al modelo intermitente autoritario.
- Respecto al modelo de familia y temperamento: no existe evidencia clara sobre una relación determinante, aunque incide sobre la conducta. Los niños con temperamento difícil tienen conducta inapropiada.
- Respecto al modelo de familia y lenguaje: Muestran mala pronunciación los niños pertenecientes a familias permisivas y

protectoras. Muestran lenguaje inapropiado niños de familias intermitente-autoritaria e hiperprotectora-intermitente. Muestran lenguaje no estructurado los pertenecientes a familia hiperprotectora-intermitente. Los niños con problemas de lenguaje inapropiado tienen hermanos mayores.

- Respecto al modelo de familia y conducta: Los niños con problemas de conducta pertenecen a familias hiperprotectora, autoritaria y permisiva y tienen temperamento difícil, lenguaje inapropiado, no estructurado y mala pronunciación.
- Respecto al modelo de familia y complexión corporal: Los niños con sobrepeso pertenecen a familias intermitentes, protectoras y permisivas, además de mostrar temperamento lento.

En síntesis: La mayoría de las familias son intermitentes, evidenciándose que se vive una época de transición, en donde los padres tienen influencia de los medios, de escuela para padres, de su propia crianza y por lo tanto no cuentan con un único referente lo que genera un modelo indefinido, intermitente, de padres. La única tendencia que se observa con mayor claridad es la que se refiere a un modelo autoritario que genera un mejor desempeño académico.

Además, se observa una estrecha asociación entre las variables: temperamento, lenguaje, conducta y desempeño académico. Los niños con problemas de temperamento difícil, y conducta y lenguaje inapropiados tienen menor desempeño académico; y temperamento con complexión corporal, particularmente en los niños-varones. Los niños con sobrepeso son de temperamento lento para animarse.

5.2. Conclusiones generales

El modelo de familia que predomina es el intermitente ó patógeno.

Un mejor desempeño académico se presenta en los niños de familias con modelo intermitente-autoritario.

Un deficiente desempeño académico se presenta en los niños de familias con los modelos intermitentes permisivos e hiperprotectores.

5.3. Hacia un programa de re-orientación

Para exponer un programa ó propuesta, es preciso retomar antes lo que Nardone (2003:100) explica acerca del Modelo Familiar Intermitente:

La familia con el modelo intermitente tiene una relación en la que los roles, posiciones que asumen los miembros de las familias y los comportamientos no están bien definidos ni son coherentes. En esta familia, los padres pueden cambiar de un modelo a otro, por ejemplo, un padre puede encontrarse como hiperprotector y alternar a conductas democrático-permisivos y, después, pasar a padre sacrificante.

El modelo familiar intermitente es cada vez más común en la sociedad, Nardone nos da varias razones. 1) En una sociedad en constante evolución es casi natural intentar nuevas estrategias, como si la última propuesta fuera la mejor; 2) en un mundo de comunicación de masas en donde se aportan nuevas soluciones a viejos problemas, resulta fácil estar confusos e inseguros de la validez de las posiciones y acciones.

Comunicación familiar del modelo intermitente. Los padres de estas familias pasan de una posición a otra, pueden ser rígidos para luego ser flexibles, o pueden revalorizar a los hijos y luego descalificarlos. Al igual que los padres, los hijos son obedientes y responsables para cambiar a ser rebeldes e irresponsables. Esta situación que da cambios de un modelo a otro, se puede encontrar en personas que son incapaces de mantener una sola posición, personas que evalúan, reflexionan y critican tanto sus acciones como la de los demás, presentan una capacidad crítica que se convierte en algo patógeno.

Un ejemplo de la interacción de esta familia es cuando los hijos hacen algo que necesita ser reprendido, entonces los padres actúan de manera rígida o autoritaria, pero después de meditarlo se arrepienten y pasan a ser hiperprotectores, para después incluso llegar al modelo sacrificante.

Constantes del modelo intermitente:
1) Los padres están sometidos a una duda constante.
2) Someten toda acción a la autocrítica cuando observan que la posición tomada anteriormente no resulta, según ellos, adecuada.
3) Para prevenir daños mayores bajan los compromisos.
4) No hay regla fija, por lo que ésta es objeto de revisiones continuas.

Significados emergentes del modelo intermitente:
a) Ninguna posición se mantiene de forma determinada.
b) Nada es válido y tranquilizador.
c) Se tiene el lema del compromiso y de la revisión de las posiciones.
d) La única constante es el cambio.
e) Ausencia de puntos de referencia y bases seguras.

Consecuencias.

Estas familias tienen la característica de afrontar situaciones problemáticas sin mantener una posición constante, en consecuencia, los problemas no tienen una solución real, y ésta no se consigue porque la medida tomada sea incorrecto, más bien, se debe a los constantes cambios, en la prisa por resolver los problemas. De esta manera, cualquier acción ó posición tomada no llega a lograr ningún efecto positivo, al contrario, refuerza la condición patógena. El tipo de medidas aplicadas por los padres hacen que el hijo llegue a contrarreacciones, que serán otra vez corregidas, y éstas a la vez conllevarán a nuevas reacciones y correcciones. Si este círculo vicioso continúa en el tiempo se organizará un modelo repetitivo y redundante.

5.4. Programa de re-orientación

Es indispensable un mecanismo que permita re-orientar la relación entre los padres y el niño preescolar en el marco de un programa permanente, para evitar los daños de un modelo intemitente.

El programa de re-orientación académico-familiar, o PROPUESTA se denominará "Rituales Familiares", porque son acciones que los padres y niños, deberán sistematizar e interiorizar: hábitos y costumbres.

Los rituales familiares son 10:
1) La tarea - RESPONSABILIDAD
2) La hora de dormir y levantarse - PUNTUALIDAD
3) La higiene y el vestido - PRESENTACIÓN
4) El respeto - RESPETO
5) Los abrazos – AMOR
6) El ejercicio físico –FORTALEZA

7) La comida –SALUD

8) El juego –CONVIVENCIA

9) La televisión – ENTRETENIMIENTO

10) El trabajo y el ahorro – PREVISIÓN

La tarea

Destinar una hora diaria para la convivencia académica en el hogar: hacer la tarea, leer, escribir, pintar, modelar, platicar, en compañía de uno ó ambos padres al principio, hasta que el niño lo haga solo, en forma independiente. La actitud de los padres debe ser motivadora para que la RESPONSABILIDAD forme parte importante en la conducta del niño. .

La hora de dormir y levantarse

Establecer la hora de ir a dormir y de levantarse. Acompañarlo a su lugar de dormir, apagar la televisión, leerle alguna narración que no lo inquiete ó atemorice; preparar juntos el reloj despertador, cobijarlo si fuera necesario y apagar la luz. Acostumbrarlo a levantarse en el momento que el reloj despertador suene, salvo en enfermedad, sin ninguna excepción, recordándole que la PUNTUALIDAD, hace más confiables a las personas.

La higiene y el vestido

Bañarlo y vestirlo diariamente hasta que después de un breve período, lo haga solo. Es muy importante que con anticipación preparen juntos la ropa que vestirá y que su vestimenta esté siempre limpia y planchada. Debe aprender a limpiar el calzado y a peinarse así como permitirle vestir alguna prenda ó accesorio de su gusto personal. En el caso de algún perfume, éste deberá ser muy ligero. La PRESENTACIÓN es una regla de convivencia que permite desarrollar la imagen del éxito.

El respeto

Respetar a la familia, maestros y a todas las personas, es la clave de las relaciones humanas positivas. No maldecir, injuriar, gritar, golpear, mentir, ignorarse y otras acciones que atenten contra la integridad de los demás, son parte indispensable de la conducta de padres e hijos. La TOLERANCIA es una premisa fundamental en la vida de la familia, en la convivencia escolar y en cualquier ámbito de la vida, por lo que el ejemplo paterno es fundamental para que el niño crezca observando esta conducta.

Los abrazos

La vida no es solamente el bien material sino que del afecto depende la felicidad e integridad de la persona. El abrazo diario permite transmitir el AMOR filial, por lo que debe convertirse el abrazo y otras demostraciones de afecto en una conducta cotidiana.

El ejercicio físico

Un cuerpo sano origina FORTALEZA y dinamismo, destreza y habilidad. Es importante que además del ejercicio que realiza en la escuela el niño, la familia haga ejercicio durante algunos días o durante el fin de semana. Correr, caminar, saltar y practicar un deporte son buenas opciones. Es indispensable que juntos, padres e hijos se alienten, se animen a hacer ejercicio.

La comida

La SALUD depende, de manera importante, de la nutrición. Un tipo de alimentación nutritiva y una cantidad adecuada de comida diaria, desarrolla un niño y una familia saludable. Evitar la comida pobre en nutrientes que solo le provoque obesidad ó desnutrición, es una tarea primordial de los padres. Es muy adecuado enseñar a los niños a no consumir alimentos por razones publicitarios.

El juego.

El juego en el niño e incluso en el adulto es indispensable para la CONVIVENCIA, la autorregulación, la socialización y las reglas que se deben observar en la vida. Se sugiere que los padres jueguen con los hijos periódicamente.

La televisión

Establecer un horario para el ENTRETENIMIENTO, seleccionando los programas que pueden ver solos y los que pueden ver en familia.

El trabajo y el ahorro

Otorgarle al niño alguna tarea-trabajo que le permita obtener un pago económico por pequeño que sea, del cual una proporción ahorre, hará de él una persona con carácter PREVISORIO, que difícilmente, al interiorizar este concepto, se verá sin recursos económicos. Adquirir para el niño un alcancía al inicio de cada año para el ahorro, dejará ver al término del mismo, los beneficios de esa costumbre.

BIBLIOGRAFÍA

- Abbagnano N. y A. Visalberghi (1996), "Rosseau", en Historia de la Pedagogía, México, FCE (Sección: Obras de Filosofía), pp.387-400.
- Antología UAT (2001). Normativa internacional para la realización de trabajos académicos y de investigación.
- Antología UAT (2001). Normativa internacional para la realización de trabajos académicos y de investigación.
- Bautista Lozada, Yadira. (2002). Bajo Aprovechamiento y la Dinámica Familiar Disfuncional, Instituto Politécnico Nacional. México.
- Berk L. (1999). Desarrollo del Niño y del Adolescente. Prentice Hall. Madrid.
- Broody, Nathan y Ehrlichman Howard, Psicología de la Personalidad, Prentice Hall, Madrid 2000.
- Cifras del Instituto Nacional De Estadística, Geografía e Informática (INEGI).
- Diccionario Larousse (2004) Editorial Planeta. Barcelona.
- Diep Herrán, María del Carmen (2001) "Ensayo sobre Juan Jacobo Rosseau y su Obra Emilio o de la Educación, en http://www.universidadabierta.edu.mx
- Division of Nutrition, Physical Activity and Obesity. About BMI for Children and Teens, en http://www.cdc.gov/healthyweight/assessing/bmi/childrens_bmi/about_childrens_bmi.html
- Engels, Friedrich (1981). El Origen de la Familia, La Propiedad Privada y el Estado.
- Estrada Inda L. (1997). El Ciclo Vital de la Familia. Grijalbo. México.
- Expedientes de la Profesora de 2º C del Jardín de Niños "María Lavalle Urbina".
- Expedientes de los alumnos del Jardín de Niños "María Lavalle Urbina".

- Fishman R. y Minuchin S. (1987) Técnicas de Terapia Familiar. Paidós. México.
- Froebel, Federico (2001). La educación del Hombre (Fragmentos) En http://cervantesvirtual.com/servlet/sirveobras/04021717662840672163l504/ Cuellar, Pérez Hortencia (1992 Selección de Textos) México, Trillas.
- Galván L. y Zúñiga A. (2003). De las Escuelas de Párvulos al Preescolar. Una Historia por Contar. En http://biblioweb.dgsca.unam.mx/diccionario/htm/articulos/sec_25.htm
- Guerrero M., Castillo C., Caraveo J. (2004) La Familia Mexicana Ayer y Hoy. De la Prehistoria a la Colonia., Universidad Internacional Maya Cancún, México.
- Hernández S., et al. (1998) Metodología de la Investigación. México. Mc Graw Hill.
- Hernández, Sampieri, R. (1991). Metodología de la investigación. Mc Graw-Hill Interamericana. Colombia.
- http://biblioteca.ajusco.upn.mx/pdf/18886.pdf. Rodríguez Palencia N. (2002), Universidad Pedagógica Nacional. México.
- Hurlock, Elizabeth B. (1998). "Desarrollo Motor" en Desarrollo del niño. México. Mc Graw-Hill.
- IMC en http://www.mipediatra.com/alimentacion/indice-masa-corporal.htm
- Información proporcionada por la directora del plantel en una encuesta.
- J. A. Ríos González, (1989). Análisis de las Interacciones Familiares. Enciclopedia de la Educación Preescolar.
- J. A. Ríos González, (1989). Análisis de las Interacciones Familiares. Enciclopedia de la Educación Preescolar.
- J. López Román (1989). La familia como agente educativo. Enciclopedia de la Educación Preescolar.
- Ley General de la Educación (2008), SEP. México.
- Minuchin, S. (1979). Familias y Terapia Familiar. Gedisa. México.
- Nardone. G. Giannoti, E. (2003). Modelos de Familia. Herder. España
- Nardone. G. Giannotti, E. (2003). Modelos de familia. Herder. España.

- P. Aznar Minguet y P. M. Pérez Alonso-Geta. (1989). La Familia y el Proceso Educativo. Enciclopedia de la Educación Preescolar.
- Papalia D., Wendkos S. (1998). Desarrollo Humano. Colombia. Mc Graw Hil.
- PEP (2004) Programa de Educación Preescolar. SEP. México
- Personalidad, Comprensión de la Conducta de las Personas (1982), México, Prensa Técnica.
- Santa W. (2005) El Total de lo que Somos. Ciencia y salud. http://www.vozalmundo.com/index.php?id=4931
- Seminario de Temas Selectos de Historia de la Pedagogía I y II. Programas y Materiales de Apoyo para el Estudio. Licenciatura en Educación Preescolar. SEP. México.
- Soria Trujano, R. (2004). Análisis Sistémico de las Familias con un Hijo Adolescente Drogadicto, Universidad Autónoma de México.
- Zepeda Herrera, Fernando (2003) Introduccion a la Psicologia, Pearson Educacion, México.

Printed in the United States
By Bookmasters